DIOS
Y LA NARRATIVA DE LOS TIEMPOS

Copyright © 2021 by Alberto F. Roldán
DIOS Y LA NARRATIVA DE LOS TIEMPOS
Tras las huellas del Apocalipsis en la Literatura Latinoamericana
de Alberto F. Roldán, 2021, JUANUNO1 Ediciones.

ALL RIGHTS RESERVED. | TODOS LOS DERECHOS RESERVADOS.
Published in the United States by JUANUNO1 Ediciones,
an imprint of the JuanUno1 Publishing House, LLC.
Publicado en los Estados Unidos por JUANUNO1 Ediciones,
un sello editorial de JuanUno1 Publishing House, LLC.
www.juanuno1.com

JUANUNO1 EDICIONES, logos and its open books colophon, are registered trademarks of JuanUno1 Publishing House, LLC.
JUANUNO1 EDICIONES, los logotipos y las terminaciones de los libros, son marcas registradas de JuanUno1 Publishing House, LLC.

Library of Congress Cataloging-in-Publication Data
Name: Roldán, Alberto F., author.
Dios y la narrativa de los tiempos : tras las huellas del apocalipsis en la literatura latinoamericana / Alberto F. Roldán.
Published: Miami : JUANUNO1 Ediciones, 2021
Identifiers: LCCN 2021934250
LC record available at https://lccn.loc.gov/2021934250

REL006870 RELIGION / Biblical Studies / New Testament / Revelation
REL013000 RELIGION / Christianity / Literature & the Arts
REL067060 RELIGION / Christian Theology / Eschatology

Paperback ISBN 978-1-63753-010-8
Ebook ISBN 978-1-63753-011-5

Corrector y Editor *Tomás Jara*
Créditos Portada *Equipo de Media y Redes JuanUno1 Publishing House*
Concepto diagramación interior & ebook *Ma. Gabriela Centurión*
Director de Publicaciones *Hernán Dalbes*

First Edition | Primera Edición
Miami, FL. USA.
Marzo 2021

ALBERTO F. ROLDÁN

DIOS
Y LA NARRATIVA DE LOS TIEMPOS

Tras las huellas del Apocalipsis
en la literatura latinoamericana

Para David,
que me invitó
a hablar de estos temas
en su cátedra del Isedet

"En el nuevo mundo de Dios que nos promete
el Apocalipsis
los tiempos serán atravesados por la eternidad"
Alberto F. Roldán

CONTENIDO

Prólogo 11

Presentación *de Eliana Valzura* 21

   1. El Apocalipsis: del aguante a la gloria . . . 25

   2. El Apocalipsis en "El perseguidor" de Julio Cortázar: viaje de Esmirna a Laodicea con escala en Pérgamo 47

   3. Leopoldo Marechal: De *Adán Buenosayres* a *El banquete de Severo Arcángelo* 63

   4. El tiempo mítico en *Terra nostra*, de Carlos Fuentes 85

   5. Borges: el tiempo y la eternidad 101

   6. Finitud humana e imágenes de Dios en Carlos Fuentes 125

   7. Ricardo Piglia: solo un camino de Ida . . . 151

Bibliografía 171

PRÓLOGO

Queremos pues, seguir esta huella de la huella...
Gianni Vattimo

... en la sal de la espuma con estrellas,
sobre la arena bajo el sol las huellas
de nuestros pies desnudos
tan lejanos y mudos.
Silvina Ocampo

Mi afición por la literatura y, en modo especial, las novelas y los cuentos, surgió muy tempranamente. A los siete años de edad ayudaba a mi abuelo paterno, don Máximo Roldán, y a mi padre, Sixto Roldán, en el reparto de diarios y revistas. Ellos tenían un kiosco en la intersección de la Avenida San Martín (entonces Santa Fe) y la calle Marco Avellaneda, en Lanús Oeste. En términos rioplatenses, fui un "canillita". Aunque nací en Buenos Aires, "tengo el corazón mirando al sur", como decía la poeta y académica Eladia Blázquez. Fue así, desde esa temprana edad, que tomé contacto con los diarios *La Prensa* y *La Nación* y para mí era un verdadero deleite leer los suplementos literarios que publicaban los domingos en color sepia o retro grabado. Coleccionaba esos suplementos y leía con mucha profusión y pasión los cuentos y las críticas literarias. Al mismo tiempo, como era de familia evangélica, la lectura de la Biblia era tarea obligada en mi hogar. Luego del secundario, tuve el privilegio de estudiar formalmente la Biblia y la teología sin descuidar mi gran afición por la literatura argentina y latinoamericana. El presente libro tal vez sea un testimonio patente de esa conjunción entre la Biblia y la literatura.

Entre los variados temas de la teología, dediqué gran parte de mi carrera académica a la escatología,[1] tema apasionante y que se torna acuciante sobre todo cuando asistimos a catástrofes, crisis mundiales y pandemias como la del Covid-19. Desde allí, en los últimos años, he incursionado más específicamente en la apocalíptica, que, como se sabe, no es lo mismo que la escatología, aunque está vinculada a ella. Mi acercamiento hermenéutico al Apocalipsis joánico lejos está de ubicarse dentro de corrientes literalistas. Entiendo que el Apocalipsis no nos ofrece un mapa del futuro, sino que corresponde a un género literario, la apocalíptica, creado por el judaísmo dos siglos antes de Cristo, en tiempos de la terrible persecución seléucida a manos de Antíoco IV Epífanes y la férrea resistencia de los macabeos. Esa literatura está caracterizada por símbolos de variada intensidad, tales como la lucha del bien contra el mal, de Dios con Satanás, cuyo objetivo no es atemorizar sino más bien suscitar

---

1 Cf. Alberto F. Roldán, *Escatología. ¿Ciencia ficción o reino de Dios?*, 2da. Edición, Buenos Aires: Ediciones Kairós, 2018; *Hermenéutica y signos de los tiempos y Escatologías en debate. Hermenéuticas del Reino y el fin de la historia*, Salem, Oregon, Publicaciones Kerigma, 2020.

esperanza. Es, en términos argentinos, una teología del aguante, de la resistencia en medio de las persecuciones ejercidas por el anti-reino en contra del pueblo de Dios, el que debe mantenerse firme con la esperanza en el triunfo final del Reino de Dios.

El presente libro no es un comentario al Apocalipsis ni mucho menos una exégesis. Su objetivo es seguir las huellas del Apocalipsis en la literatura latinoamericana. Como dice Vattimo en el epígrafe de este prólogo: "Queremos, pues, seguir esta huella de la huella, aceptar como constitutivo para una renovada reflexión sobre la religión el propio hecho de su retornar, de su volver a presentarse, de su llamarnos con una voz que estamos seguros de haber oído ya".[2]

Mientras para el filósofo italiano el interés es seguir la huella de la huella que la religión ha dejado en la historia y la cultura, el mío consiste en encontrar y seguir las huellas que la lectura del Apocalipsis ha dejado en grandes narradores latinoamericanos. En todos ellos, se perciben de modo notorio o subrepticio huellas o rastros del Apocalipsis, tan pródigo en colores e imágenes como las huellas que nuestros pies desnudos dejan en la arena, según lo refleja la poeta argentina Silvina Ocampo. En otros términos, no es posible recorrer el suelo de la apocalíptica sin dejar marcas y, a su vez, resulta imposible evitar que ese mismo suelo deje partículas de arena en nuestros pies. Pues de eso se trata este libro: buscar, ver, observar las huellas que el Apocalipsis ha dejado en los escritores escogidos; en otras

---

2 Gianni Vattimo, "La huella de la huella" en Jacques Derrida y Gianni Vattimo (eds.), *La religión,* trad. Cristina de Peretti et al., Madrid: PPC, 1996, p. 110.

palabras, actuar como un detective que, lupa en mano, detecta las pisadas ocultas sobre la superficie.

La obra se inicia con el capítulo titulado "Apocalipsis: del aguante a la gloria", donde planteo en qué consiste la literatura apocalíptica y, específicamente, el Apocalipsis de la Biblia en cuanto mensaje, que va desde el aguante[3] o la resistencia a los poderes opresores –representados históricamente en el Imperio Romano– pero con la esperanza firme del triunfo del Reino de Dios. Su concreción se materializará en los nuevos cielos y la nueva tierra, tal como lo percibió el vidente del Apocalipsis: "Vi un cielo nuevo y una tierra nueva",[4] y en la santa ciudad, la nueva Jerusalén que descendía del cielo de Dios, como una esposa adornada para su marido.[5]

En el capítulo 2 analizo el cuento "El perseguidor", de Julio Cortázar, cuyo epígrafe es, justamente, la cita de Apocalipsis 2.20: "Sé fiel hasta la muerte" y, desde allí, se desarrolla la narrativa atravesada por imágenes de ese apasionante y enigmático libro de la Biblia. Se puede percibir que el texto de Cortázar no se queda en esa simple cita, sino que avanza hacia lo que, simbólicamente, describo como "De Esmirna a Laodicea, con escala en Pérgamo", ya que el cuento recorre esas "estaciones" del Apocalipsis. Con este trabajo, saldo un poco mi deuda con Julio Cortázar, a quien nunca había interpretado desde el prisma teológico.

---

3 Traduzco así el término griego υπομονη, que significa perseverancia, resistencia, constancia, aguante, en medio de adversidades.

4 Ap. 21.1 RV 1960

5 Ap. 21.2 RV 1960. La palabra traducida "ataviada" es en el original griego el verbo *kosmeo*, de donde se deriva el término "cosmético".

La obra continúa en el capítulo 3 con un texto sobre Leopoldo Marechal, basado en dos de sus grandes novelas: *Adanbuenosayres* y *El banquete de Severo Arcángelo*. Ese capítulo ya había sido publicado en otro libro de mi autoría: *Te busca y te nombra. Dios en la narrativa argentina*.[6] Cabe consignar lo que Marechal representa dentro de la pléyade de escritores argentinos del siglo XX. Fue el único que adhirió a la fe evangélica al ser bautizado en una iglesia pentecostal de Ciudadela Norte —como se indica en el capítulo— y esa conversión se refleja en personajes de su narrativa y su búsqueda de participación en el banquete apocalíptico.

El capítulo 4 es una lectura apocalíptica de la novela de Carlos Fuentes, *Terra nostra*, que se refiere a un tiempo mítico de la conquista de México por la corona española, tomando como eje los tres tiempos en que se divide la historia según el planteo del místico italiano Joaquim da Fiore: tiempo del Padre, tiempo del Hijo y tiempo del Espíritu. A todas luces, la obra de Fuentes —que le demandó unos diez años de investigación y redacción— constituye una novela apocalíptica donde se hace referencia al fin del mundo, a la lucha del bien contra el mal, a la parusía de Cristo y al nuevo mundo de Dios concebido en los términos del Apocalipsis: cielos nuevos y tierra nueva. Carlos Fuentes es el único autor no argentino estudiado en este libro. Nacido en Panamá y de nacionalidad mexicana, vivió también en la Argentina y siempre ha confesado su admiración por la literatura de este país, por la presencia

---

[6] Alberto F. Roldán, *Te busca y te nombra. Dios en la narrativa argentina*, Mar del Plata: Editorial Pronombre, 2011, pp. 83-100. Se incluye aquí con el debido permiso y la gentileza de la licenciada Eliana Valzura, representante de esa editorial.

constante de escritores importantes como Domingo Faustino Sarmiento, Jorge L. Borges, Julio Cortázar, entre muchos otros.

El capítulo 5 está consagrado al indescifrable tópico del tiempo y la eternidad, tal como fuera concebido por Jorge Luis Borges en su profunda indagación sobre el tema del tiempo, sobre todo en su obra *La historia de la eternidad* que, a simple vista, representa una especie de contradicción de términos –ya que la eternidad en sí misma no puede tener historia–, que Borges se ocupa de explicitar. Ese texto ya fue publicado en otra obra de mi autoría.[7]

En el capítulo 6, vuelvo a Carlos Fuentes. Esta vez para indagar sobre los temas de la finitud humana y la búsqueda de Dios, especialmente en sus novelas *La muerte de Artemio Cruz*, *La región más transparente* y *Cambio de piel*, que describen a personajes en su decrepitud, finitud y muerte, situaciones límite que contrastan a su vez con la búsqueda de Dios a partir de diferentes imágenes. La reflexión de Fuentes sobre la condición humana es de una gran densidad filosófico-teológica, inserta en un marco narrativo. En algún tramo del capítulo, se pone de relieve su aprecio por la cultura porteña, por caso, al referirse al tango "A pan y agua", que inmortalizara Ángel Vargas, "el ruiseñor de las calles porteñas".

El capítulo final interpreta la novela de Ricardo Piglia *El camino de Ida*.[8] El escritor argentino que se esconde en su *alter ego* Emilio Renzi aprovecha la polisemia del

---

7 Alberto F. Roldán, *Borges y la teología*, Buenos Aires: Ediciones Teología y Cultura, 2018.
8 En su versión en inglés, se titula: The Way Out.

nombre de Ida, profesora de literatura de Princeton, para relacionarlo con la ética, un camino solo de ida, ya que la pluralidad de "personajes" que cada uno de nosotros encarna parece no permitir el planteo ético, coincidiendo así con la propuesta de Milan Kundera en el sentido de que nuestras acciones no son ensayos teatrales que nos permitan repetir escenas. Se trata solo de un camino sin regreso, un *No Way Out*.

El final del Apocalipsis es una visión de la nueva Jerusalén como habitación del Dios trino con su entera creación reconciliada, lo que me permite cerrar este prólogo con el poema en prosa de Víctor Massuh:

> Habitas en mí, Jerusalén, te encuentro en mi corazón, en el movimiento de mi brazo y en la semilla de mi ansiedad. Aquí estás, ciudad sagrada; ya entrecierre los ojos o los abra desmesuradamente, te encuentro a mi lado en las esquinas, los atajos y la sordidez de la ciudad precaria que crece y se deforma, se vence a sí misma hasta confundirse con la altivez protectora de tus murallas. En la inmediatez de este contorno chato de consabidas imágenes, reencuentro el resplandor de tu fuego sagrado, las agujas de tus torres definitivamente recuperadas para la luz próxima y verdadera, te descubro como una perla en el seno de la inmundicia. No pensé hallarte. Escondida en el reverso de mi desesperación, apareces en el instante mismo en que se reconoce la inutilidad de toda búsqueda. No es que alguien te habitase en un lejano pasado y luego quedaras perdida y sepultada, cubierta por las malezas de la Historia. Tampoco es-

peras, estatuaria y recóndita, que alguna generación venidera te descubra o conquiste en la entraña virgen del futuro. Asomas en el presente. Entre el barro de la mezquindad y la miseria, entre la fuerza y los castigos, entre la lluvia y el abandono de las calles sin luz, allí se levantan las cúpulas sagradas de tu Reino. Jerusalén distante y próxima, invariablemente huidiza, frágil e indestructible. Qué extraños tus caminos: apenas un modo de ver, una curiosa forma de aguzar la mirada y de acomodar el ánimo; acaso un estilo de actuar, un gesto, o la sorpresiva quietud que transcurre en el seno del movimiento; tal vez un heroísmo opaco, avergonzado de sí mismo, una rebeldía inútil, el sacrificio por una causa perdida; acaso una obstinación que llega a ser más dura que el metal que se le opone. Son muchos los caminos abiertos hacia tu Reino, distante como un sueño, pero próximo como una alegría, inmediata como un abrazo o un latido. Ciudad detrás de mi ciudad y en el seno de ella, en su corazón, eres el permanente testimonio de la resurrección y su triunfo. ¡Que no tengan olvido las palabras y las acciones, Jerusalén, que te hacen levantar y caminar desde el barro y los baldíos de mi ciudad miseria![9]

Unas palabras de gratitud a quienes han colaborado para la realización de esta obra: a Emilia, fiel y tierna compañera de la vida, a mi hija Myrian y a mis hijos David y Gerardo, que son lo más preciado que Dios me ha dejado como herencia, a mi hermana Evangelina y mi

---

9 Víctor Massuh, *La libertad y la violencia,* Buenos Aires: Editorial Sudamericana, 1984, pp. 189-190

sobrina Florencia, que comparten mi fe evangélica. Dedico la obra a mi hijo David, teólogo y filósofo con un *insight* poco común, que tuvo la gentileza de invitarme a dictar dos clases de teología y literatura en su cátedra del Instituto Universitario ISEDET. Mi más profunda gratitud a quienes han comentado generosamente la obra: Eliana Valzura, teóloga, escritora y dilecta discípula, a mi amigo Leopoldo Cervantes-Ortiz, que me acompaña una vez más en esta aventura teológico-literaria y al colega y amigo Harold Segura.

Mi anhelo más profundo es que la lectura de esta obra suscite en lectores y lectoras una esperanza renovada en el nuevo mundo de Dios que nos promete el Apocalipsis, en el cual los tiempos serán atravesados por la eternidad.

Alberto F. Roldán
Ramos Mejía, Día del Señor, 3 de enero de 2021

PRESENTACIÓN

"Si Dios hubiera mirado en nuestras almas, no habría podido ver allí de quién estábamos hablando"
Ludwig Wittgenstein
Investigaciones filosóficas

La literatura y la teología, misteriosamente, confluyen. Intentan acceder, como un asedio no siempre exitoso, a lo indescifrable, al instante fugaz, a lo sagrado, a la historia, a la imaginación, a la memoria, a los hechos o a Dios.

La Biblia es utilizada desde la fe explícita por escritores que se autoperciben creyentes, pero también es trabajada desde la no-fe, por escritores que se definen agnósticos o simplemente ateos. ¿Por qué? Porque la Biblia es un libro de existencia y, como tal, tiene algo para decirnos sobre la humanidad, sobre la vida, sobre el ser-en-el-mundo. Si hay un sentir de ser arrojados a la existencia y obligados a una búsqueda constante de sentido y trascendencia, ese sentir puede ser hallado en las narraciones bíblicas, en las que hombres y mujeres comunes son símbolos perennes de la humanidad inconclusa siempre persiguiendo su completitud.

Varios temas sobrevuelan a las narrativas escogidas por Alberto Roldán, y quizás también a todas las narrativas, incluso a las más pasatistas: el tiempo, la muerte, el sentido de la vida, el mundo incomprensible y su inexorable fin, el bien y el mal, el más allá y la incógnita sobre su existencia, la eternidad deseada y la nostalgia del paraíso.

Por supuesto, en épocas de zozobra como esta, reaparece el obstinado fantasma de la apocalíptica bajo diferentes disfraces y se ofrece como respuesta fácil a los más profundos interrogantes de la humanidad en carne viva. Calmar las ansiedades y las incertidumbres es, tal vez, una de las necesidades más básicas de nuestra frágil condición humana, y las respuestas apocalípticas, si bien son inquietantes, a veces funcionan como adormecedoras de las intemperies existenciales más expuestas: cualquiera sea la teoría, aunque sea la peor, en ocasiones calma más que vivir sin certezas.

Es medianamente fácil, en tiempos pandémicos, manipular la fe y la esperanza de los menos avisados. Por eso, la reflexión seria que este libro nos propone resulta imprescindible.

¿Busca el lector de este volumen un libro filosófico? Seguro lo encontrará. ¿Busca el lector un libro teológico? Quedará satisfecho. ¿Busca el lector análisis literario? No va a ser defraudado. Porque existe un vértice donde confluyen todas estas disciplinas en seguimiento de la poliédrica verdad, aquella que se revela y se esconde y que nosotros, solo humanos, estamos condenados a rodear fatigosamente, sumergidos en un continuo jardín de senderos que se bifurcan. La verdad, si existe, siempre se escamotea y nuestras manos temblorosas, mientras tanto, trajinan innumerables brailles.

El tiempo, cuya desembocadura es la nada o la eternidad, es el hilo con que Alberto Roldán va tejiendo sus reflexiones: Borges, Marechal, Fuentes, Cortázar y Piglia son los puntos de una textura densa y abigarrada en torno a los temas fundamentales que nos constituyen como vivientes.

La Literatura dice a la Teología y la Teología dice a la Literatura y juntas dicen a Dios, que es una de las formas de decir lo indecible.

Eliana Valzura
Mar del Plata, 13 de enero de 2021

1
APOCALIPSIS:
DEL AGUANTE A LA GLORIA

Yo, Juan, hermano de ustedes, copartícipe en las pruebas, el reinado y el aguante en Jesús...
Apocalipsis 1.9

"... la retórica del Apocalipsis trata de engendrar en nosotros la confianza en la justicia de Dios y en su capacidad de crear bienestar, aunque la experiencia y la evidencia parezcan burlarse de esa esperanza y esa fe"
Elizabeth Schüssler-Fiorenza

"El símbolo da que pensar"
Paul Ricoeur

El Apocalipsis, último libro del canon del Nuevo Testamento, siempre ha despertado el interés de los lectores a través de los siglos. Pero se torna en lectura fervorosa sobre todo en tiempos de desastres climáticos, desórdenes sociales y políticos de alcance mundial y pandemias como las del Covid-19, que ha dejado tantas consecuencias deletéreas difíciles de justipreciar. Este enigmático libro pertenece al género apocalíptico, que surge dos siglos antes de Cristo, en medio de la opresión sobre los judíos ejercida por Antíoco IV Epífanes. Esto nos obliga a realizar una breve incursión por este género literario antes de encarar un análisis teológico del libro.

¿Qué es la apocalíptica?

Se trata de un género abundante en símbolos detrás de los cuales se esconde la crítica a los imperios que oprimían al pueblo de Dios. Es una literatura de resistencia que insta a los lectores a tener firmeza, perseverancia, aguante, en medio del sufrimiento que experimentaban, con la esperanza del triunfo de Dios sobre todos los poderes del mal.

Sobre las diversas influencias que se pueden detectar en la literatura apocalíptica, James VanderKam[1] afirma que hoy se puede reconstruir ese fenómeno desde profecías acádicas y egipcias —sobre todo de raigambre grecorromano y de Persia. Y agrega: "Diversas obras de Grecia y Roma se pueden catalogar como apocalipsis (por ejemplo, Poimandes) u ofrecen material que se asemeja a las enseñanzas apocalípticas".[2] Además, siguiendo a Hengel, añade más datos sobre la influencia helenística:

> Si los primeros apocalipsis judíos aparecieron en los siglos III y II, el contexto helenístico amplio

---

[1] James C. VanderKam, "Literatura apocalíptica" en John Barton (ed.), *La interpretación bíblica, hoy,* Santander: Sal Terrae, 2001, p. 362
[2] *Ibíd.*

proporcionó a sus doctos autores oportunidades para explotar tradiciones y motivos de varias clases, no solo autóctonos, sino también internacionales.[3]

Acaso una de las definiciones más conocidas y bastante completa de la apocalíptica es la que elaboró el erudito John Collins:

> El apocalipsis es un género de literatura revelatoria con un marco narrativo, en el que la revelación viene mediada por un ser transmundano hacia un receptor humano, desvelando una realidad trascendente que es a la vez temporal, en tanto que vislumbra la salvación escatológica, y espacial, en tanto que implica otro mundo sobrenatural.[4]

Paul D. Hanson[5] consigna la investigación de D. Russell sobre las características de la literatura apocalíptica, entre las que se destacan:

Trascendentalismo
Mitología
Orientación cosmológica
Pesimismo respecto a la historia
Pseudo-éxtasis
Reclamos artificiales de inspiración

---

3 *Ibíd.*
4 John J. Collins, *Semeia. An Experimental Journal of Biblical Criticism*, No. 14, *Apocalypse. The Morphology and Genre*. The Society of Biblical Literature, 1979, p. 9. Traducción propia.
5 Paul D. Hanson, *The Dawn of Apocalyptic. The Historical and Sociological Roots*, Revised Edition, Philadelphia: Fortress Press, 1979

Pseudonimidad
Unidad de la historia
Conflicto entre la luz y las tinieblas
El bien y el mal
Dios y Satanás
Surgimiento de la idea del "Hijo del hombre"

Es por eso que en lo que se refiere a la pseudonimidad, los apocalípticos se escondían detrás de nombres ficticios como Enoc, Moisés, Esdras y otros. La profecía había cesado y, entonces, mientras los profetas hablaban al pueblo de Dios los mensajes que recibían, ahora los apocalípticos escribían sueños y visiones.

Entre los muchos libros apocalípticos se destacan:

Libro de los Jubileos
Libro de Enoc
Testamento de los Doce Patriarcas
El Apocalipsis de Baruc
La Asunción de Moisés
El Apocalipsis de Abrahán
Daniel
Apocalipsis de Juan[6]

El *Libro de Enoc* merece un párrafo especial debido a que no solo es citado por Judas en su epístola (vv. 14-15), sino que integra el canon bíblico de los patriarcados de

---

6 Para un análisis del contenido de estos libros véase Mathias Delcor, *Mito y tradición en la literatura apocalíptica*, Madrid: Cristiandad, 1977.

Etiopía y Eritrea. En lo que se refiere a su contenido, además de los juicios que pronuncia sobre los infieles, anticipa algunos rasgos de la cristología que luego se plasman en el Nuevo Testamento, tales como el título Hijo del Hombre y la presencia del Mesías. En el capítulo XCIVIII, se narra: "Y en este momento, este Hijo del Hombre fue nombrado cerca del Señor de los espíritus, y su nombre fue nombrado ante la Cabeza de los días".[7] En el versículo 10 de ese mismo capítulo, aparece la figura del Mesías en el contexto del juicio de Dios: "En el día de su aflicción habrá descanso en la tierra; ante ellos caerán y no se levantarán jamás y nadie estará para levantarlos, porque han renegado del Señor de los espíritus y su Ungido. ¡Que sea bendito el nombre del Señor de los espíritus!".[8]

Indudablemente, el libro de Apocalipsis pertenece a este género literario, aunque con algunos cambios. No se trata de un libro seudonímico, porque su autor es un tal "Juan de Patmos". Tradicionalmente, se lo vinculó a Juan el apóstol y discípulo de Jesús, tal como lo consideró Eusebio de Cesarea en su *Historia eclesiástica*. Pero las investigaciones actuales no afirman tal cosa y, como en el caso de Juan Stam[9] y Néstor Míguez,[10] sin haberse definido quién fue el autor del Apocalipsis, lo denominan simplemente "Juan de

---

7 *Libro de Enoc*, 6ta. Edición, Málaga: Editorial Sirio, S.A., 2019, p. 57.
8 *Ibíd.*, p. 58.
9 Juan Stam, *Apocalipsis*, Tomo 1, 2da. Edición, Buenos Aires: Ediciones Kairós, 2006, pp. 49, 63-66. Stam reivindica el título de "teólogo" que se adscribió a Juan y que se derivó del culto imperial de los siglos 2 y 3 y que, siguiendo esa tradición, figura en Biblias como Reina Valera 1909, donde el libro se titula *El Apocalipsis o revelación de San Juan, el teólogo.*
10 Néstor Míguez, *Juan de Patmos. El visionario y su visión*, Buenos Aires: Editorial La Aurora, 2019, pp. 37-49.

Patmos". Además, el autor no solo es un apocalíptico que narra sueños y visiones, sino que también se designa como testigo (*mártir*), consiervo y hermano de los destinatarios y su texto es una profecía (1.3; 22.10; 19). Finalmente, el libro tiene como destinatarios primarios a las siete iglesias del Asia Menor. Una mera visualización del mapa muestra el recorrido que habría seguido el mensajero que llevaba esas cartas a las comunidades cristianas de esa región. Por lo expuesto, a todas luces uno de los atropellos hermenéuticos que se acometen al enfrentarse al libro es no advertir a qué género pertenece: la apocalíptica y, en consecuencia, su contenido, es abundante en símbolos: numerología y tiempos (*cronos* y *kairós),* animales, voces y colores. Por eso es tan importante tomar en cuenta lo que dice Paul Ricouer sobre el símbolo: "'El símbolo da que pensar'. Esta sentencia que tanto me cautiva dice dos cosas: el símbolo da; no planteo yo el sentido, es él el que lo da; pero lo que da es 'qué pensar', aquello en qué pensar. A partir de la dación, el planteo".[11] Debemos dejar que el propio símbolo se done a nosotros y nos dé qué pensar, que él mismo se despliegue libremente frente a nosotros como fenóme-

---

11 Paul Ricouer, *El conflicto de las interpretaciones,* trad. Alejandra Falcón, Buenos Aires: FCE, 2003, p. 262. El lenguaje que utilizamos es tomado de la fenomenología iniciada por Edmund Husserl y una de las corrientes más importantes de la filosofía actual, especialmente la francesa. Entre sus representantes, se destacan Michel Henry, Jean-Luc Marion y Claude Romano. Una excelente introducción a Marion es la obra de Stéphane Vinolo, *Jean Luc Marion, Jean-Luc Marion. La Fenomenología de la donación como relevo de la metafísica,* Quito: Centro de Publicaciones PUCE, 2019. La distinción entre fenomenología y ciencias es explicitada por Michel Henry en estos términos: "El objeto de la fenomenología no es el conjunto de fenómenos estudiado por las ciencias, sino aquello que en cada instante permite que un fenómeno sea tal, su fenomenalidad, el modo de donación conforme al cual nos es dado y es así un fenómeno para nosotros". Michel Henry, *Fenomenología de la vida,* trad. Mario Lipsitz, Buenos Aires: Ediciones Universidad Nacional de General Sarmiento, 2016, p. 79.

no y, *a posteriori*, hacer el planteo. Quienes no consideran ese carácter simbólico y polisémico del Apocalipsis en su inagotable versatilidad, imponen lecturas literalistas, futuristas y aterradoras que Stam ha definido creativa y críticamente como "terrorismo apocalíptico" y "espantología evangélica" que, dicho sea de paso, no deriva del Evangelio –que siempre es buena noticia–, sino de ciertos sectores del ámbito evangélico. Porque el objetivo del autor del Apocalipsis no es sembrar terror, sino anunciar la victoria del Crucificado y Resucitado Jesucristo, el Alfa y la Omega, el Principio y el Fin.

Los abordajes hermenéuticos al Apocalipsis han mostrado una notable diversidad que va desde espiritualizaciones a enfoques eminentemente futuristas. Ambos extremos no hacen justicia al contexto en que es escrito este libro y dejan de lado lo histórico, lo social y lo político. Por eso es necesario superarlos y optar por lecturas que indaguen en el contexto en que surge su mensaje. Es lo que de modo magistral propone la teóloga y biblista Elizabeth Schüssler-Fiorenza cuando se refiere a un análisis retórico, no en sentido superficial sino en el clásico, centrado en el arte y la fuerza de la persuasión:

> El análisis retórico pretende explorar la fuerza persuasiva del lenguaje simbólico del Apocalipsis en la estructura general del libro, así como en la situación retórica presente en el texto y enraizada en una determinada matriz sociohistórica.[12]

---

12 Elizabeth Schüssler-Fiorenza, *Apocalipsis. Visión de un mundo justo,* trad. Víctor Marla Asensio, Estella (Navarra), 2003, p. 39.

El Apocalipsis tiene como objetivo suscitar la fe y la esperanza del pueblo de Dios en el triunfo final de su reino frente a los poderes destructivos del mal. Se trata de una "esperanza contra esperanza", según definió Pablo la fe de Abrahán (Romanos 4.18). En palabras de Schüssler-Fiorenza:

> ... la retórica del Apocalipsis trata de engendrar en nosotros la confianza en la justicia de Dios y en su capacidad de crear bienestar, aunque la experiencia y la evidencia parezcan burlarse de esa esperanza y esa fe.[13]

Con este preámbulo a la literatura apocalíptica, su génesis histórico-social y sus características, estamos en mejores condiciones de mostrar en qué consiste la teología del Apocalipsis. Porque, aun reconociendo el carácter simbólico, el libro contiene mensajes de naturaleza teológica. En el presente capítulo intentamos sintetizar las características más sobresalientes de esta teología del Apocalipsis: una teología del aguante y el reverso de la historia; una teología de la cruz; una teología del Reino y, finalmente, una teología integral y doxológica.

Una teología del aguante desde el reverso de la historia

La apocalíptica surge en un tiempo de opresión para el pueblo judío, es decir, la época de los seléucidas y la irrup-

---

13 *Ibíd.*, p. 105.

ción de Antíoco Epífanes, poder pagano y destructivo al que se opusieron los macabeos. Del mismo modo, el Apocalipsis joánico revela un contexto de opresión para el pueblo de Dios, que surge del avasallante Imperio Romano y el culto que exigía al emperador de turno. Por eso es clave nuestro epígrafe porque, como dice la voz narradora:

> Yo, Juan, hermano de ustedes, con quienes comparto las pruebas, el reino y la perseverancia en Jesús, me encontraba en la isla de Patmos a causa de la palabra de Dios y por haber proclamado a Jesús. (1.9, BL)

Habla un desterrado, un excluido, un marginalizado por el Imperio Romano, y la causa fue su adhesión al Reino (βασιλείᾳ) de Dios y la perseverancia (ὑπομονῇ) en Jesús. Juan es uno que persevera, que se mantiene firme, que tiene capacidad de aguante frente a las persecuciones del Imperio Romano. En el ámbito de la cultura popular argentina, la idea se expresa cuando alguien le dice a un amigo o amiga "haceme el aguante" o cuando académicos y académicas del Racing Club alientan a su equipo con una fe a toda prueba: "Porque tenemo' aguante, aguante de verdad...".

¿Qué tipo de literatura es la apocalíptica y qué segmentos sociopolíticos representa? Pablo Richard señala:

> Hay consenso de que la literatura apocalíptica es "una literatura de hombres oprimidos", que expresa la cosmovisión de los sectores más pobres, oprimidos, humillados, marginalizados de la sociedad; o de aquellos sectores que no se sienten interpretados

por sus propias autoridades; sectores que tienen una visión histórica o teología alternativa, que no es la de los grupos dominantes.[14]

Elizabeth Schüssler-Fiorenza[15] destaca tres términos clave en el texto que citamos. El primero es θλίψει, que significa "lucha", "angustia", "prueba", "sufrimiento", "opresión", "tribulación". Marca la situación concreta e histórica en que se encontraban Juan y el pueblo de Dios en esa época terrible de la persecución romana. El otro término es βασιλεία que, como hemos dicho, es una referencia al reino de Dios, a su reinado en la historia. Además de indicar que el término puede traducirse como reino, reinado, realeza, soberanía y dominio, Schüssler-Fiorenza comenta:

> Juan, junto con las comunidades, participa del poder escatológico del reino de Dios y de Cristo, y al mismo tiempo está bajo la soberanía de Dios incluso en el tiempo presente. Sin embargo, los cristianos, llamados a ser representantes del reino de Dios por medio del bautismo, ejercerán su poder solo en el futuro escatológico.[16]

El tercer término clave es ὑπομονῇ, que significa tanto "paciencia" como "perseverancia", "resistencia", "firmeza" y "aguante".

---

14 Pablo Richard, *Apocalipsis, reconstrucción de la esperanza*, Colección Biblia # 65, www.nuestrabiblia.org. Servicio Bíblico Verbo, p. 22. Paginación mía.
15 *Op. Cit.*, p. 77.
16 *Ibíd.*

Más que la fe o el amor, la *hypomonê* se convierte en la principal virtud cristiana del Apocalipsis. Según Juan, la existencia cristiana se define por la conjunción de las tribulaciones escatológicas opresivas y de la pretensión cristiana de compartir el gobierno divino y el poder real de Dios, conjunción que requiere resistencia tenaz y perseverancia constante.[17]

Por su parte, Gaitán Briceño[18] entiende que el Apocalipsis de Juan se inscribe dentro de una tradición apocalíptica como teología social de resistencia, erigida como una literatura que pretendía fortalecer la voluntad de oposición y disconformidad ante el sistema político del Imperio Romano.

En otras palabras, podemos afirmar que el Apocalipsis contiene una teología desde las víctimas. No es una teología oficial de los que detentan el poder, sino más bien de quienes lo sufren en términos de persecución, opresión y muerte. No en vano en el libro se habla varias veces de muerte, inmolación, martirio y degüello.[19] La teología del Apocalipsis es una teología "desde el reverso de la historia" en dos sentidos: teología que surge desde las víctimas y no de los poderosos y, desde otro ángulo de observación, una teología desde el lugar de Dios. En palabras de Richard Bauckham, "si hay un sentido en que Apocalipsis adopta una perspectiva desde 'el otro lado de la historia', eso

---

17 *Ibíd.*, p. 78. Cursivas originales.
18 Tarciso H. Gaitán Briceño, "Apocalipsis: fe y resistencia", *Cuestiones teológicas*, vol. 41, Medellín, enero-junio 2014, p. 122.
19 Cf. 5.6, 9, 12; 13.8; 6.9; 18.24; 20.4 (decapitados).

significa la perspectiva celestial, que se da en la visión del trono celestial de Dios, lo que la hace posible".[20]

Una teología de la cruz

Fue Martín Lutero quien acuñó el término "la teología de la cruz", tomando como punto de partida el texto paulino de 1 Corintios 1.18 ss. Para él, solo se puede elaborar teología auténtica cuando es teología de la cruz y no de la gloria. Esa teología cruciforme es recuperada y ampliada luego por teólogos como Dietrich Bonhoeffer y Jürgen Moltmann. ¿En qué sentido el Apocalipsis representa una teología de la cruz? Juan Stam da relevancia en su comentario al tema de la cruz. Se refiere a ella como "la potencia de la impotencia". Critica la febril búsqueda del poder por parte de los seres humanos y muestra que la cruz donde es sacrificado el Cordero de Dios es la antítesis del poder. Dice:

> Es difícil imaginar una figura más patéticamente débil que un cordero a punto de ser inmolado, tan impotente e indefenso como un crucificado. Como señala Ellul, el Cristo crucificado aparece como "el despojado, el aniquilado, el más débil de todos los hombres" (1977: 177-120). El Cordero representa "el no poder" en la historia, es "la victoria que vence al mundo" (1 Jn 5.4) desde la total vulnerabilidad de la cruz.[21]

---

20 Richard Bauckham, *The Theology of the Book of Revelation*, Cambridge, United Kingdom: Cambridge University Press, 1993, p. 39. Traducción propia.
21 Juan Stam. *Apocalipsis Comentario Bíblico Iberoamericano*, Tomo 1, 2da. Edi-

La imagen simbólica del Cordero, según Schüssler-Fiorenza,[22] es tan importante en el libro que es nombrada veintiocho veces. Se ignoran las razones por las cuales el autor apela a esa imagen de Cristo. Pero lo importante es que, con ella, el Apocalipsis parece referirse al cordero pascual del éxodo que se reedita en pasajes del Nuevo Testamento como Juan 1 ("he aquí el cordero de Dios que quita el pecado del mundo", Jn 1.29, RV 60) y aun en los relatos de la eucaristía o Cena del Señor, tanto de los evangelios sinópticos como el de la pluma de San Pablo en 1 Corintios 11. Para Richard Bauckham, uno de los temas simbólicos más importantes que aparecen en la narrativa del Apocalipsis es precisamente el éxodo escatológico. El éxodo histórico fue la clave del evento salvador en la historia de Israel. Significó la liberación de la esclavitud de Israel del Egipto opresor y, aunque en varias partes del Nuevo Testamento la obra redentora de Jesucristo se da como una especie de éxodo escatológico, en ninguna sección eso es tan ampliado como en Apocalipsis.

La imagen central de este complejo es que Jesús mismo es el Cordero pascual (primeramente introducido en 5.1, 9-10). Que la imagen de Apocalipsis del Cordero se refiere al cordero sacrificado en la pascua es claro especialmente en 5.9-10. Se dice que por su sangre el Cordero ha "rescatado" al pueblo y hecho de él "un reino y sacerdotes al servicio de nuestro Dios". La última frase es un eco bien conocido de

---

ción, Buenos Aires: Ediciones Kairós, 2006, p. 225. La referencia: "(1977: 177-120)" corresponde al libro de Jacques Ellul, *Apocalypse*, Nueva York: Seabury Press, 1977.
22 *Op. Cit.*, p. 90.

las palabras del pacto de Sinaí (Ex. 19.5-6), por el cual Dios hizo [a Israel] pueblo suyo, el que había llevado fuera de Egipto. La liberación de Dios de su propio pueblo desde Egipto fue a menudo referenciada como su rescate de la esclavitud para ser su propio pueblo (por ejemplo, Dt. 1.8; 13.5), y la misma imagen podría ser usada para un nuevo éxodo en el futuro (Is. 35.10; 51.11). Cuando el Apocalipsis considera la sangre del Cordero como el precio de la redención, esto realmente va más allá del rol que la sangre del cordero pascual jugaba en el éxodo (cf. Ex. 12.12, 23). Sin embargo, el cordero pascual no jugó en el éxodo ningún rol en la expectación judía del nuevo éxodo. Pero es probable que en Apocalipsis 5.6, 9, Juan aluda no solo al cordero pascual sino también a Isaías 53.7, donde el Siervo Sufriente está retratado como cordero sacrificial.[23]

El Apocalipsis no muestra una teología de la gloria sin que primero sea una teología de la cruz. Se llega a la gloria mediante la cruz, y los testigos (mártires) del Apocalipsis, comenzando por el propio Juan, vivieron en carne propia lo que los apóstoles dijeron en la narrativa de Hechos: "Es necesario que a través de muchas tribulaciones entremos en el reino de Dios" (Hechos 14.22, RV 60). Los mártires del Apocalipsis son los seguidores de Cristo, el Cordero sacrificado. El mismo que instó a sus discípulos a tomar la cruz y seguirlo y a los que ese seguimiento les condujo, inevitablemente, a la muerte. Por eso, a partir de la descripción

---

[23] *Op. Cit.*, pp. 70-71. Traducción propia. Allí, en nota, el autor cita Isaías 53, Lucas 22.47, He. 9.28 y 1 P. 2.22.

que dice: "Y ellos le han vencido por medio de la sangre del Cordero y del testimonio de ellos, y menospreciaron sus vidas hasta la muerte" (12.1,1, RV 60), Bauckham comenta: "Todo el versículo requiere que la referencia a 'la sangre del Cordero' no es puramente a la muerte de Cristo, sino a las muertes de los mártires cristianos, quienes, siguiendo el ejemplo de Jesús, dieron testimonio aún al costo de sus propias vidas".[24]

Una teología del Reino

El reino de Dios ya se menciona en 1.9. Allí se dice: "Yo, Juan, hermano de ustedes, con quienes comparto las pruebas, el reino y la perseverancia en Jesús" (Biblia Latinoamérica). Se trata de "el reino", a secas. El autor sabe que los lectores no tendrían ningún problema en identificar ese reino o, mejor aún, reinado. Se trata del reinado de Dios, del cual tanto habló Jesús y que ahora, por causa del mismo, Juan está deportado en Patmos. Una segunda mención, algo más tangencial, está en 1.6, donde en esa doxología se dice que Jesucristo hizo al pueblo de Dios "un reino de sacerdotes para Dios". En 17.14 aparece el título de "Rey de reyes", lo cual implica que el reinado de Dios ejercido por Cristo está sobre todos los reinados de la tierra y, especialmente, sobre el antirreino que se expresa de manera despiadada a través de la matanza de los seguidores de Jesús. En 5.10 se indica que los redimidos por el Cordero reinarán sobre la tierra. En 19.6, la multitud proclama:

---

[24] *Ibíd.*, p. 75. El autor reconoce que para esta interpretación se ha valido de los textos de H. B. Swete, *The Apocalypse of St John,* London: Mcmillan, second ed., 1907 y G. B. Caird, *The Revelation of St John the Divine,* London: A. & CV. Black, 1966.

"¡Aleluya, porque el Señor nuestro Dios Todopoderoso reina!" (RV 60). Se trata de un eco del salmo que dice: "¡El Señor reina, alégrese la tierra, regocíjense las islas numerosas!" (97.1, Biblia Latinoamérica). Dios hace partícipe a su pueblo de su reinado, tanto del reinado milenario (20.4, 6)[25] como del reinado eterno, ya que casi al final de la narrativa dice el Apocalipsis: "No habrá allí más noche; y no tienen necesidad de luz de lámpara, ni de luz del sol, porque Dios el Señor los iluminará; y reinarán por los siglos de los siglos". (22.5, RV 60).[26]

Schüssler-Fiorenza se refiere al reino, la *basileía* (mencionado en 1.9), luego de indicar, como hemos visto, que se puede traducir como reino, reinado, imperio, soberanía, y agrega:

> Juan, junto con las comunidades, participa del poder escatológico del reino de Dios y de Cristo, y al mismo tiempo está bajo la soberanía de Dios incluso en el tiempo presente. Sin embargo, los cristianos, llamados a ser representantes del reino de Dios por medio del bautismo, ejercerán su poder solo en el futuro escatológico. Esta es la razón por la que el poder de Satán, que se oculta tras el imperio mundial de Roma, desembocará necesariamente en acciones

---

25 Aquí no discutimos la naturaleza del milenio. Para ello, véase Alberto F. Roldán, *Escatología, ¿Ciencia ficción o reino de Dios,* 2da. Edición, Buenos Aires: Ediciones Kairós, 2018, pp. 85-105.

26 Atinadamente, Néstor Míguez subraya que "no hay reinado de Cristo al modo glorioso. El reino definitivo de Dios en la Nueva Jerusalén, es, a mi entender, suprahistórico, metahistórico, o como quiera llamarse. Está en la historia, acompaña la historia, porque es eterno, pero de una manera velada, oculta, y al mismo tiempo cuestionadora de la misma historia". Néstor Míguez, *Juan de Patmos. El visionario y su visión,* Buenos Aires: La Aurora, 2019, pp. 222-223.

violentas contra los cristianos que se mantengan leales al imperio de Dios. En el Apocalipsis se hallan enfrentados poder contra poder, imperio contra imperio. No son posibles las componendas.[27]

La narrativa del Apocalipsis presenta la lucha entre el reino de este mundo-sistema de opresión y maldad y el reino de Dios, sistema de justicia y paz. Esa lucha nos pone frente a una decisión: "Apocalipsis nos insta a hacer una elección entre el reino de Dios y el reino de este mundo y la advertencia que ese llamado implica, no podría ser más clara".[28]

Una teología integral y doxológica

¿En qué sentido decimos que la teología del Apocalipsis es integral? Designamos así a una teología que abarca la totalidad de los grandes temas teológicos que han caracterizado a la teología cristiana por lo menos desde el siglo II d. C. El Apocalipsis se nos presenta como el resumen o la síntesis de los grandes relatos del texto bíblico. En efecto, comienza con Dios y su creación, presentándolo como el *pantokrator*, el Dios Padre de Jesucristo, el Dios creador de toda la realidad visible e invisible, el Dios trinitario, ya que es Padre, Hijo y Espíritu, en una plenitud que se refleja en los "siete espíritus de Dios". El Dios creador que en los nuevos cielos y la nueva tierra pondrá su tabernáculo entre los redimidos.

---

27 Op. Cit., p. 77.
28 Gregory Stevenson, "The Theology of Creation in the Book of Revelation", *Leaven:* Vol. 21: Iss.3, Article 6, p. 142.

El Apocalipsis recorre la cristología, presentando a Jesús como el Cristo, el Hijo del Hombre resucitado, el Alfa y la Omega, el que ha redimido al pueblo de Dios como Cordero inmolado en la cruz, pero que fue levantado victorioso como primogénito de los muertos. También la soteriología tiene su lugar en el Apocalipsis cuando en tenor litúrgico proclama que Jesucristo, con su sangre, nos lavó para ser un reino sacerdotal para Dios, su Padre (1.5, 6). Así se introduce la eclesiología en la narrativa apocalíptica. Se trata de la Iglesia que en la celebración litúrgica dominical prorrumpe en alabanzas a Dios como asamblea redimida y celebrante.[29] Es una gran multitud de redimidos que alaban a Dios en miles de lenguas. Por supuesto, el Apocalipsis contiene escatología, pero no se trata de una escatología ni escapista ni de terror. No lo es, porque más allá de los sufrimientos, persecución y muerte de los seguidores de Jesús –lo que no están exentos–, se les promete liberación, redención y participación en los nuevos cielos y la nueva tierra, en los cuales Dios mismo enjugará las lágrimas de los que sufren y donde no habrá más muerte ni dolor, porque las primeras cosas habrán pasado. En lenguaje paulino, podríamos decir que el Apocalipsis es la recapitulación de todas las cosas visibles e invisibles en Cristo en la plenitud de los tiempos,[30] cuando él dará al Padre el reino, a fin de

---

29 Esta es la perspectiva del biblista argentino Ugo Vanni en su libro *Por los senderos del Apocalipsis,* Buenos Aires: San Pablo, 2010.

30 Ef. 1.10: reunir o recapitular todas las cosas en Cristo. La palabra griega ἀνακεφαλαιώσασθαι literalmente significa "colocar todo debajo de una cabeza" (*kéfale*). Hay varias traducciones: "reunir todas las cosas en Cristo" (RV 60; "reunir en él todas las cosas" (NVI); "hacer la unidad del universo" (Nueva Biblia Española); "reunir todas las cosas" (Libro del Pueblo de Dios); "reunir todas las cosas en el Mesías" (Biblia Textual); "hacer que todo tenga a Cristo por cabeza" (Biblia de Jerusalén). Como se observa, solo la Biblia de Jerusalén recoge la idea central del término

que Dios sea todo en todos. Mientras las "primeras cosas" de la historia humana están signadas por el sufrimiento, el llanto y la muerte, en la nueva creación serán reemplazadas por la vida y la felicidad en toda su diversidad y espesor. Como señala Schüssler-Fiorenza:

> La realidad del nuevo cielo y de la nueva tierra no está determinada por el sufrimiento, el llanto, el duelo, el hambre, el cautiverio y la muerte, sino por la vida, la luz y la felicidad (cf. 7, 9-15); en consecuencia, el mar, como lugar de las bestias y símbolo del mal (13, 1), ya no existe (21, 1). El mundo futuro de la salvación de Dios no es concebido como una isla, sino como una realidad que abarca a toda la creación.[31]

Conclusión

¿Qué clase de teología expone el Apocalipsis? En primer lugar, el Apocalipsis presenta a Dios como creador, siendo precisamente la creación un componente fundamental de su identidad y actividad. Como expresa Stevenson:

> La teología de la creación contenida en el libro permite ciertas implicaciones con respecto a cómo los cristianos piensan y se involucran en el mundo alrededor del tema. En Apocalipsis, la tierra misma no es mala ni pertenece a Satanás. Dios es soberano

---

griego. Para un estudio profundo de ese vocablo y sus implicaciones, véase Jorge A. León, *Teología de la unidad,* Buenos Aires: La Aurora, 1971, tesis de doctorado en teología presentada a la Facultad de Teología Protestante de Montpellier, Francia.

31 *Op. Cit.,* pp. 152-153

sobre *toda* su creación. Sin embargo, la tierra está alineada con "el reino de este mundo" por causa de que ha sido corrompida mediante las acciones de los impíos. La idolatría, la violencia, la inmoralidad y la opresión, que han hecho de la tierra un símbolo del lugar opuesto a la divina voluntad de Dios. Apocalipsis nos insta a hacer una elección entre el reino de Dios y el reino de este mundo [...][32]

A partir de la presentación del Dios creador, trino y uno, el Apocalipsis despliega imágenes de Cristo como el Hijo del Hombre resucitado, como el Cordero de Dios y como el esposo celestial.

También el tema de la salvación es central en la narrativa apocalíptica, desde que la redención que Cristo logró en la cruz implica liberación de un pueblo al cual él hizo un reino de sacerdotes para Dios su Padre. La lucha entre el bien y el mal, corporizados en el Dios trino y, por otro lado, en abierta oposición, la trinidad diabólica, también tienen un lugar preponderante en el Apocalipsis. Su escatología muestra mediante símbolos una recuperación de la

---

32 Gregory Stevenson, "The Theology of Creation in the Book of Revelation", *Leaven:* Vol. 21: Iss.3, Article 6, p. 142. Cursivas originales. Traducción propia. Stevenson también es autor del libro *A Slaughtered Lamb. Revelation and the Apocalyptic Response to Evil and Suffering,* Abilene: Abilene Christian University Press, 2013, donde –aunque el enfoque es cristológico- retoma la idea de la creación al afirmar: "El Apocalipsis provee una de las más grandes y más abarcadoras narrativas de la Escritura que se extiende desde el atrás del Jardín del Edén hacia la nueva creación de Dios." *Ibid.,* p. 29. Traducción propia. Agradezco al autor la gentileza de enviarme este libro. La expresión "el reino de este mundo", que utiliza Stevenson, evoca las palabras del escritor cubano Alejo Carpentier cuando dice al final de su narrativa: "En el Reino de los Cielos no hay grandeza que conquistar, puesto que allá todo es jerarquía establecida, incógnita despejada, existir sin término, imposibilidad de sacrificio, reposo y deleite. [...] el hombre sólo puede hallar su grandeza, su máxima medida en el Reino de este Mundo." Alejo Carpentier, *Concierto barroco-El reino de este mundo,* Santiago de Chile: Editorial Andrés Bello, 1997, pp. 215-216.

creación que se concretará en los cielos nuevos y la tierra nueva, donde las primeras cosas han pasado para dar lugar al tabernáculo de Dios con la humanidad. El Apocalipsis es la otra cara de la creación en el sentido de que implica la recuperación de la creación primigenia en su plenitud escatológica. La meta de la Historia es la justificación de Dios en la historia de la salvación, y esa meta no es otra que la gloria eterna, lo que hemos denominado el *non plus ultra* de la *Heilsgeschichte*.[33] El Apocalipsis leído en clave teológica une los grandes ejes de la teología cristiana: Dios, la creación, Cristo, la humanidad, la salvación, la Iglesia y la escatología, por medio de sueños, visiones, música y colores que despiertan nuestra imaginación adormecida a causa de interpretaciones literalistas, fijas y clausurantes de sentido, que se asumen como definitivas. El afán por el literalismo esconde el miedo a leer el lenguaje apocalíptico en su polícroma simbología que, por su enorme versatilidad, se abre a múltiples interpretaciones, como cuando contemplamos una obra de arte. En suma, el Apocalipsis es una síntesis perfecta entre teología y arte, cuya relación está magníficamente expresada por Emmanuel Lévinas: "Con la teología, que tiene una parte ligada a la ontología, Dios se establece como concepto. Con el arte, que es esencialmente iconografía, el movimiento más allá del ser se fija como belleza. Teología y arte retienen el pasado inmemorial".[34] El Apocalipsis es iconografía en movimiento.

---

33 Cf. Alberto F. Roldán, *Escatologías en debate*, Salem, Oregon, 2020, p. 137.

34 Emmanuel Lévinas, *Dios, la muerte y el tiempo*, trad. María Luiza Rodríguez Tapia, Barcelona: Altaya, 1999, p. 242

2
EL APOCALIPSIS EN "EL PERSEGUIDOR" DE JULIO CORTÁZAR: VIAJE DE ESMIRNA A LAODICEA CON ESCALA EN PÉRGAMO

"No quiero tu Dios –repite Johnny–. ¿Por qué me lo has hecho aceptar en tu libro? Yo no sé si hay Dios, yo toco mi música, yo hago mi Dios..."
Julio Cortázar[1]

"... *El perseguidor*, narrado desde un sutil pretérito perfecto [...] se disuelve en el presente del lector"
Mario Vargas Llosa[2]

---

[1] Julio Cortázar, "El perseguidor", *Cuentos completos/1*, Buenos Aires: Alfaguara, 1996, p. 262.
[2] Mario Vargas Llosa, Prólogo a Julio Cortázar, *Ibíd.*, p. 19. Cursivas originales.

"Sé fiel hasta la muerte". Con ese epígrafe, que es la cita de Apocalipsis 2.10, Julio Cortázar comienza su notable cuento "El perseguidor". El personaje es un músico, Johnny Carter,[3] a quien Bruno, su amigo, lo visita cuando el otro está "en la peor de las miserias" en una pieza de hotel de París que hacía las veces de hospital pero que se convierte "en una especie de coágulo repugnante".

El narrador testigo[4] es Bruno, que cuenta en primera persona y en presente los diálogos con Johnny para el proyecto de una biografía sobre su músico amigo. El tercer personaje es Dédée, una mujer abnegada y sumisa que acompaña a Johnny en su convalecencia.

Mario Goloboff[5] señala que el cuento puede considerarse como una *nouvelle*, y tanto críticos como el propio Cortázar lo estiman como una bisagra en la producción del escritor argentino al punto que, en una entrevista, este confiesa:

> En "El perseguidor" quise renunciar a toda invención y ponerme dentro de mi propio terreno personal, es decir, mirarme un poco a mí mismo. Y mirarme a mí mismo era mirar al hombre, mirar también a mi prójimo. Yo había mirado muy poco al género

---

[3] Se cree que este nombre ficticio es una velada alusión al saxofonista Charlie Parker, admirado por Cortázar. Por su parte, Rodolfo Borello sugiere que el nombre del protagonista parece ser tomado de dos grandes saxofonistas estadounidenses: Johnny Hodges y Benny Carter, con los cuales Cortázar inventa a su personaje: Johnny Carter. Rodolfo A. Borello, "Charlie Parker: 'El perseguidor'", *Cuadernos Hispanoamericanos*, Madrid, octubre-diciembre de 1980, p. 574.

[4] Así lo denomina Alejandro Martínez, "El perseguidor, de Julio Cortázar", https://www.reflexionesobrasliterarias.com/el-perseguidor-de-julio-cortazar. Acceso: 8 de diciembre de 2020.

[5] Mario Goloboff, "Una lectura de puentes y pasajes: Julio Cortázar", en Sylvia Saítta, directora del volumen, *Historia crítica de la literatura argentina*, dirigida por Noé Jitrik, Buenos Aires: Emecé Editores, 2004, p. 285.

humano hasta que escribí "El perseguidor".[6]

A continuación, exponemos los dos temas que surgen de los diálogos entre Johnny y Bruno y de las imágenes del Apocalipsis de Juan que, directa o indirectamente, aparecen en la narrativa y que de alguna manera trazan el recorrido desde Esmirna a Laodicea.

El tiempo

Ya en el comienzo del diálogo, Johnny se refiere al tiempo. Dice el narrador:

> Tú no haces más que contar el tiempo —me ha contestado de mal humor—. El primero, el dos, el tres, el veintiuno. A todo le pones un número, tú. Y esta es igual. ¿Sabes por qué está furiosa? Porque he perdido el saxo. Tiene razón, después de todo.[7]

A Johnny parece no importarle el tiempo o, tal vez, no quiere entrar en la limitación cronológica ni estar siempre pendiente del reloj, de los minutos que pasan, de los números que indican el transcurrir temporal. Y afirma que Dédée hace lo mismo y está furiosa porque algo le ha ocurrido a él: perdió el saxo y no sabe dónde. Y este dato recorrerá la narrativa de "El perseguidor". Como agudamente ha señalado Vargas Llosa, hay un contraste entre el tiempo en que

---
[6] Luis Harss, "Julio Cortázar o la cachetada metafísica", *Los nuestros*, Buenos Aires: Sudamericana, 1966, cit. en *Ibíd.*, pp. 286-287.
[7] Julio Cortázar, *Op. Cit.*, p. 226.

se narra la historia y el tiempo del lector. Dice el escritor peruano:

> ... *El perseguidor,* narrado en un sutil pretérito perfecto [...] se disuelve en el presente del lector, evocando de este modo subliminalmente la gradual disolución de Johnny, el jazzman genial cuya alucinada búsqueda del absoluto, a través de la trompeta, llega a nosotros mediante la reducción "realista" (racional y pragmática) que de ella lleva a cabo el crítico y biógrafo de Johnny, Bruno.[8]

El narrador reflexiona sobre las referencias que el músico hace del tiempo. Observa que Johnny "seguía haciendo alusiones al tiempo, un tema que le preocupa desde que lo conozco. He visto pocos hombres tan preocupados por todo lo que se refiere al tiempo".[9] Más adelante, el diálogo se circunscribe al tema de recuperar el saxo, el instrumento esencial para la vida de Johnny. En vinculación a ello surge de nuevo el tema del tiempo. Dice el narrador:

> Hoy no –ha dicho Johnnny mirando el frasco de ron–. Mañana, cuando tenga el saxo. De manera que no hay por qué hablar de eso ahora. Bruno, cada vez me doy cuenta mejor de que el tiempo... Yo creo que la música ayuda siempre a comprender un poco este asunto.[10]

---

[8] Mario Vargas Llosa, Prólogo a Julio Cortázar, *Cuentos completos/1*, p. 19. Cursivas originales.
[9] *Ibíd.*, p. 227.
[10] *Ibíd.*, p. 228.

¿De qué modo la música, que constituye el ser mismo de Johnny, puede ayudar a comprender el misterio del tiempo? El narrador pone en palabras del músico su explicación de la relación tiempo-música. Expresa:

> Por eso en casa el tiempo no acababa nunca, sabes. De pelea en pelea, casi sin comer. Y para colmo la religión, ah, eso no te lo puedes imaginar. Cuando el maestro me consiguió un saxo que te hubieras muerto de risa si lo ves, entonces creo que me di cuenta en seguida. La música me sacaba del tiempo, aunque no es más que una manera de decirlo. Si quieres saber lo que realmente siento, yo creo que la música me metía en el tiempo. Pero entonces hay que creer que este tiempo no tiene nada que ver con... bueno, con nosotros, por decirlo así.[11]

La música, que es la vida misma para Johnny, tiene un doble juego en cuanto al tiempo, porque lo arranca de él, lo abstrae de ese factor limitante que es el tiempo y, a la vez, lo mete en el tiempo. Quizás, lo que pensaba Johnny era que al tomar el saxo él producía una música que lo metía en tiempo pero que, simultáneamente, él entraba en otro tiempo que lo abstraía del tiempo corriente de los humanos, un tiempo que nada tiene que ver con el tiempo lineal que transcurre. En otras palabras, parece insinuar que la música es como una religión para él, que lo arrebata, que lo embelesa, que lo transporta a un tiempo distinto al cronológico.

---

11 *Ibíd.*, p. 229.

Luego, Johnny insinúa que si algún día su amigo Bruno pudiera escribir estas cuestiones, sería hermoso. Y agrega, en su diálogo con Bruno:

> Te estaba diciendo que cuando empecé a tocar de chico me di cuenta de que el tiempo cambiaba. Esto se lo conté una vez a Jim y me dijo que todo el mundo siente lo mismo, y que cuando uno se abstrae... Dijo así, cuando uno se abstrae. Pero no, yo no me abstraigo cuando toco. Solamente que cambio de lugar... Yo me di cuenta cuando empecé a tocar que entraba en un ascensor, pero era un ascensor de tiempo, si te lo puedo decir así. No creas que me olvidaba de la hipoteca y de la religión. Solamente que en esos momentos la hipoteca y la religión eran como el traje que uno no tiene puesto; yo sé que el traje está en el ropero, pero a mí no vas a decirme que en ese momento ese traje existe.[12]

Tal vez, una clave interpretativa de lo que quiere decir Johnny radique en el detalle de cambio de lugar. O sea, para él, comenzar a tocar parecería una abstracción cuando tal vez solo sea un cambio de lugar. Entonces, apela a la imagen del ascensor, pero un ascensor del tiempo. Todavía sus problemas de hipoteca o el tema de la religión se mantienen acaso en su inconsciente, pero, así como la música permite abstraerse del tiempo, también ese "ascensor del tiempo" surte el mismo efecto. Más allá de que la metáfora no coincida totalmente con el hecho al que apela,

---

12 *Ibíd.*, p. 230.

el ascensor real nos transporta de piso en piso, dejando el tiempo como en estado latente, como si no nos afectara. Casi inmediatamente, Johnny agrega: "Esto del tiempo es complicado, me agarra por todos lados. Me empiezo a dar cuenta poco a poco de que el tiempo no es como una bolsa que se rellena".[13] Es como un espacio susceptible de ser rellenado pero que, luego de completado el relleno, ya no cabe lo mismo, sino apenas una cantidad. Parece indicar que nosotros rellenamos el tiempo con diversidad de actividades. O, volviendo a la imagen del traje, dice Johnny: "Como yo meto la música en el tiempo cuando estoy tocando, a veces".[14] A Johnny le molesta el tiempo y no puede entender cómo es posible pensar un cuarto de hora en un minuto y medio. Evoca entonces a la imagen del *métro* y, astutamente –observa el narrador–, afirma: "Solo en el *métro* me puedo dar cuenta porque viajar en el *métro* es como estar metido en un reloj. Las estaciones son minutos, comprendes, es ese tiempo de ustedes, de ahora, pero yo sé que hay otro, y he estado pensando, pensando".[15] El personaje vincula una vez más tiempo y espacio para decir que las estaciones se transforman en minutos. Johnny percibe que entrar en el metro es como entrar en un reloj y que, en lugar de agujas que se mueven, es él mismo quien se desplaza en las secuencias de las estaciones, que funcionan como minutos, y solo desde esa imagen y esa experiencia puede entender un poco el misterio del tiempo.

El diálogo continúa y Bruno está tan absorto en lo que

---

13 *Ibíd.*
14 *Ibíd.*
15 *Ibíd.*, p. 233. Cursivas originales.

dice Johnny que por un momento admite que si sigue así escribirá más sobre sí mismo que sobre su amigo. Y, entonces, reflexiona con algo de molestia: "Empiezo a parecerme a un evangelista y no me hace ninguna gracia... ¿Qué mundo es este que me toca cargar como un fardo? ¿Qué clase de evangelista soy?".[16]

Luego de su consideración y pregunta, Bruno recibe un llamado telefónico desde el diario con la noticia de que, en Chicago, acaba de morirse Bee, la hija menor de Lan y de Johnny. Esto sacude a Johnny, quien confiesa: "Bruno, ella era como una piedrecita blanca en mi mano. Y yo no soy nada más que un pobre caballo amarillo, y nadie, nadie, limpiará las lágrimas de mis ojos".[17] Los dos símbolos evocados son tomados una vez más del Apocalipsis. La piedrecita blanca apunta a la promesa de Jesús a la iglesia de Pérgamo: "Al que venciere le daré a comer del maná escondido, y le daré una piedrecita blanca, y en la piedrecita escrito un nombre nuevo, el cual ninguno conoce sino aquel que lo recibe".[18] Se trata de un símbolo que hace pensar en pureza y pertenencia a Cristo. A modo de contraste, el caballo amarillo aparece en la descripción de los siete

---

16 *Ibíd.*, p. 252.

17 *Ibíd.*, p. 253.

18 Apocalipsis 2.17, Reina Valera 1960, al igual que la cita del epígrafe. Todas las citas bíblicas en este trabajo son tomadas de esa versión. Para Leon Morris, el símbolo de un nombre nuevo (ονομα καινον) indica un nuevo carácter: "No era algo público sino un pequeño secreto entre él y su Dios". Leon Morris, *El Apocalipsis. Introducción y comentario.* Comentarios Didaqué, trad. Ernesto Suárez Vilela, Buenos Aires: Ediciones Certeza, 1977, p. 79. Wikenhauser señala que, en las competiciones griegas, a los ganadores se les entregaba una tablilla blanca en la cual se grababa su nombre. Alfred Wikenhauser, *El Apocalipsis de San Juan.* Comentario Ratisbona al Nuevo Testamento, trad. Florencio Galindo, Barcelona: Herder, 1969, p. 72. Ana María Shua ha relacionado la obra de Cortázar como una especie de "Sagrada Escritura" con sus propios Levítico y Deuteronomio. Véase Ana María Shua, "Julio Cortázar y las Sagradas Escrituras".

sellos y refiere a la muerte: "Miré, y he aquí un caballo amarillo, y el que lo montaba tenía por nombre Muerte, y el Hades lo seguía...".[19] Lo que Johnny enfatiza es que la vida, representada por la piedrecita blanca, pertenece a Bee, mientras que a él lo asedian la oscuridad y la muerte, y ya no tiene esperanza de que alguien enjugue sus lágrimas, como promete el mensaje de Apocalipsis: "Enjugará Dios toda lágrima de los ojos de ellos, y ya no habrá muerte, ni habrá más llanto, ni clamor, no dolor; porque las primeras cosas pasaron".[20]

Más adelante, hay otra cita del Apocalipsis. Bruno admite que los críticos son necesarios, pero, para el caso de Johnny, son incapaces de extraer las consecuencias dialécticas de su obra. Y entonces reflexiona:

> Tendría que recordar esto en los momentos de depresión en que me da lástima no ser nada más que un crítico. –*El nombre de la estrella es Ajenjo* –está diciendo Johnny, y de golpe oigo su otra voz, la voz de cuando está... ¿cómo decir esto, cómo describir a Johnny cuando está de su lado, ya solo otra vez, ya salido? Inquieto, me bajo del pretil, lo miro de cerca. Y el nombre de la estrella es Ajenjo, no hay nada que hacerle. –El nombre de la estrella es Ajenjo –dice Johnny, hablando para sus dos manos–. Y sus

---

[19] Apocalipsis 6.8. Foulkes interpreta que el color amarillo es el color propio de un cadáver que ha perdido su original tono rosado, y agrega: "Por primera vez se menciona el nombre del jinete: '**Muerte**' y junto con éste anda (no sabemos dónde ni cómo) el compañero inseparable, Hades (**que representaba el reino de la muerte**)". Ricardo Foulkes, *El Apocalipsis de San Juan. Una lectura desde América Latina*, Buenos Aires: Nueva Creación, 1989, p. 78. Negritas originales.

[20] Apocalipsis 21.4.

cuerpos serán echados en las plazas de la grande ciudad. Hace seis meses.[21]

¿De qué modo Cortázar pone en labios de Bruno la evocación de la imagen de la estrella cuyo nombre es Ajenjo? La ilustración, como sabemos, procede de la narrativa del Apocalipsis,[22] siendo entonces la segunda referencia específica a ese libro bíblico, además del epígrafe: "Sé fiel hasta la muerte". Creemos que surge al recordar momentos de depresión que le conducen a pensar en la amargura del ajenjo. Luego, hay un cambio de escenario. Bruno sigue por la calle a Johnny y precisamente allí surge el tema de la trascendencia, de Dios, de lo absoluto. A eso nos abocamos ahora.

Dios

En una especie de soliloquio, Bruno admite que por un momento temió que Johnny hubiera elaborado una antiteoría del libro pero, acaso pensándolo mejor, Bruno entiende que lo que quiso decir Johnny es que nadie sabe nada de nadie y que eso no es novedad en ningún sentido. Y es el propio Johnny quien introduce el tema de Dios en el diálogo. Lo hace del siguiente modo:

> No creas que solamente es eso –dice Johnny, enderezándose de golpe como si supiera lo que estoy pensando–. Está Dios, querido. Ahí sí que

---

21 *Ibíd.*, p. 259. Cursivas originales.
22 Apocalipsis 16.17.

no has pegado una. –Vamos Johnny, vamos a casa que es tarde. –Está lo que tú y los que son como mi compañero Bruno llaman Dios. El tubo de dentífrico por la mañana, a eso le llaman Dios. El tacho de basura, a eso le llaman Dios. El miedo a reventar, a eso le llaman Dios. Y has tenido la desvergüenza de mezclarme con esa porquería, has escrito que mi infancia, y mi familia, y no sé qué herencias ancestrales... Un montón de huevos podridos y tú cacareando en el medio, muy contento con tu Dios. No quiero tu Dios, no ha sido nunca el mío.[23]

En su descripción, Johnny muestra que a la divinidad se la puede relacionar con los objetos o fenómenos más variados, y critica tal identificación. Por eso, molesto, dice luego: "No quiero tu Dios. ¿Por qué me lo has hecho aceptar en tu libro? Yo no sé si hay Dios, yo toco mi música, yo hago mi Dios...".[24] Johnny no acepta el Dios que le propone Bruno o las deidades que cualquier persona haga de un objeto, sino que, así como ellos hacen su Dios de cualquier objeto, él también se siente libre para hacer su Dios al tocar la música.

Johnny insiste en rechazar al Dios que representa Bruno. Y en otra referencia implícita al Apocalipsis, dice: "Sobre todo no acepto a tu Dios. No me vengas con eso, no lo permito. Y si realmente está del otro lado de la puerta, maldito si me importa. No tiene ningún mérito pasar al otro

---

23 "El perseguidor", pp. 261-262.
24 *Ibíd.*, p. 262.

lado porque él te abra la puerta".²⁵ La imagen de la puerta nos evoca el pasaje del Apocalipsis que, en su mensaje a la iglesia de Laodicea, expresa: "He aquí, yo estoy a la puerta y llamo; si alguno oye mi voz y abre la puerta, entraré a él, y cenaré con él, y él conmigo".²⁶ Johnny no necesita que le abran la puerta porque él mismo afirma –con énfasis–:

> Aquella vez en Nueva York yo creo que abrí la puerta con mi música, hasta que tuve que parar y entonces el maldito me la cerró en la cara nada más porque no le he rezado nunca, porque no le voy a rezar nunca, porque no quiero saber nada de ese portero que librea, ese abridor de puertas a cambio de una propina, ese…²⁷

Nuestra interpretación se confirma en las palabras del

---

25 *Ibíd.*, p. 264.

26 Ap. 3.20, Reina Valera 1960. Para Ugo Vanni, la expresión de Cristo de estar a la puerta llamando, además de hacer alusión al Cantar de los Cantares, muestra "una delicadeza sorprendente: está en pie, quieto delante de la puerta y golpea. Por lo tanto, no abre la puerta, no la voltea, sino que espera que alguien abra. Si alguien escucha su voz y abre la puerta (¡y es lo que él desea!), entrarán y cenarán juntos. El autor hace alusión a una situación de cordialidad alegre, serena y amorosa. Como fondo está ciertamente la Eucaristía". Ugo Vanni, *Por los senderos del Apocalipsis*, Buenos Aires, San Pablo, 2010, p. 82.

27 *Op. Cit.*, p. 264. La especialista Lois Parkinson Zamora interpreta que los epígrafes de "El perseguidor" se refieren al impulso apocalíptico que subyace en el arte de Johnny Parker, quien rechaza el concepto de que la vida avanza hacia un fin determinado para aferrarse a la comunión mística que le ofrece su arte musical. "Por medio de su música, Johnny trata de abarcar las cosas en su totalidad, de revelar un mundo más allá del alcance del análisis racional, un mundo conquistado tan solo por los poderes instituidos del espíritu". Lois Parkinson Zamora, *Narrar el Apocalipsis*, trad. María Antonia Neira Bigorra, México: FCE, 1994, p. 105. Por su parte, Ricardo Piglia sostiene que "El perseguidor" junto a "El otro cielo" constituyen los dos mejores relatos de Cortázar, donde "los rasgos de Charlie Parker y de Lautréamont construyen la figura del artista como criminal que lleva al límite de la ruptura con el mundo". Ricardo Piglia, *Crítica y ficción*, Buenos Aires: Random House Mondadori S. A., 2014, p. 43.

protagonista como una tangencial referencia a Jesucristo. Johnny no necesita que le abran la puerta porque él mismo lo ha hecho con su música, sin necesidad de rezarle o tener algo que ver con "ese portero, abridor de puertas". Para Alberto Toutin,[28] lo que Johnny está buscando no es ni una verdad convencional ni un analgésico para el miedo reprimido ni tampoco a ese portero que abre la puerta, sino una realidad mucho más allá de los recursos comunes a los que apela el ser humano en sus situaciones límite. Explica: "En otros términos, el 'Dios' de Johnny y que estaría del otro lado de la puerta que él entreabrió con su música, apunta a esa realidad que Levinas insta a expresar *'autrement qu'être'*".[29]

La narración culmina con la referencia a una carta que Baby Lennox envía a Bruno, en la que notifica de la muerte de Johnny. En la misma, Baby agrega un detalle algo tranquilizador que indica que Johnny "murió contento y sin saberlo. Estaba mirando la televisión y de golpe se cayó al suelo. Me dijeron que fue instantáneo".[30] La voz narradora dice que Bruno pudo incorporar una nota necrológica escrita a toda máquina y una fotografía del entierro a la segunda edición del libro.

Conclusión

"El perseguidor" está estructurado a partir de imágenes

---

28 Alberto Toutin, "El 'Dios' huidizo de los escritores", *Teología y vida*, vol. XLIX, 2008, p. 228.
29 *Ibíd.*. Cursivas originales. Aquí, el autor hace referencia a la obra de Emmanuel Levinas, que en traducción castellana es titulada: *De otro modo que ser, o más allá de la esencia*, 2da. Edición, trad. Antonio Pintor Ramos, Salamanca: Sígueme, 1987.
30 *Op. Cit.*, p. 266.

del Apocalipsis. Eso se pone de manifiesto en el epígrafe del cuento: "Sé fiel hasta la muerte",[31] que recoge el mensaje de Jesús a la iglesia de Esmirna y que luego continúa –más veladamente– con otro mensaje de Jesús a la iglesia de Laodicea, en el que dice estar a la puerta, llamando.[32] "Cabe preguntar dos cosas –advierte Nicolás Bratosevich–: ¿en qué sentido Johnny encarna a 'el perseguidor' y en qué sentido se aplica a él la fidelidad hasta la muerte? En un momento de la narrativa, Bruno advierte que Johnny no es un perseguido como cree la gente y él mismo, sino que 'Johnny persigue en vez de ser perseguido, que todo lo que le está ocurriendo en la vida son azares del cazador y no del animal acosado'".[33] La segunda pregunta se puede responder si pensamos en que Johnny fue fiel a su búsqueda, a su ideal, a su "Dios", ya que él mismo hace

---

[31] Para Parkinson Zamora, la utilización de la frase del Apocalipsis puede interpretarse como una ironía, ya que mientras el mensaje de Jesús insta a los cristianos a mantenerse fieles en medio de la persecución, "Johnny Carter no es fiel a un ideal religioso sino a su arte y a la muerte misma, esperando encontrar las respuestas en la muerte que solo incompletamente ha descubierto en la vida". *Op. Cit.*, pp. 260-261, nota 10.

[32] Mario Goloboff, además de señalar estas referencias al Apocalipsis, agrega la imagen de "una piedrecita blanca" y de un pobre caballo amarillo, que también son tomadas del último libro de la Biblia, y concluye que las referencias bíblicas en la obra de Cortázar no acaban ahí, sino que "continúan igualmente en el hecho de que aparezcan aludidos en otros textos sagrados, como *El libro de Job* o los *Salmos*, que en forma permanente se compare al protagonista con un ángel y alguna vez con Cristo, o que aquel diga en un momento de la noche, cuando mira el cielo: 'El nombre de la estrella es Ajenjo'. A todo ello, habría que agregar, todavía, el sugestivo sueño de Johnny con un campo de urnas, 'montones de urnas invisibles, enterradas en un campo inmenso', de un modo bastante parecido a como en *Ezequiel* se habla de 'un campo lleno de huesos'". Mario Goloboff, *Op. Cit.*, pp. 287-288. Cursivas originales.

[33] *Ibíd.*, p. 250. Nicolás Bratosevich va más allá en su interpretación de "El perseguidor", insinuando que "toda la narrativa de Cortázar es una narrativa de *perseguidores*. Solo que ese programa persecutorio solo algunas veces queda a cargo del personaje: a menudo es precisamente el protagonista el que ignora que haya nada que descubrir…". Nicolás Bratosevich, "Estudio preliminar" en Julio Cortázar, *Antología*, 3ra. Edición, Buenos Aires: Librería del Colegio/Editorial Sudamericana, 1983, p. 51. Cursivas originales.

de la música su "Dios". En otras palabras, su vida fue una búsqueda constante de lo absoluto.

> Johnny está en busca de una revelación de algo, de alguien que entrevió una noche y que desde entonces se enquistó en él como una obsesión febril que no lo abandonó más... Es un "vidente" desesperado por una revelación, por un Apocalipsis que está cerrado, y lo buscado, indisponible a su voluntad de búsqueda.[34]

Tomando las referencias directas o indirectas al Apocalipsis que recogen el mensaje de Jesús, se podría decir que "El perseguidor" es el trayecto desde "sé fiel hasta la muerte" —mensaje a Esmirna— hasta "yo estoy a la puerta y llamo" —mensaje a Laodicea—, con una escala momentánea en Pérgamo. El personaje central –Johnny– percibe que alguien ha llamado a su puerta, pero rechaza el convite por estar persuadido de que él mismo la había abierto mediante su música, su "dios", al cual fue fiel hasta la muerte.

---

34 Alberto Toutin, Op. Cit., p. 229

3

LEOPOLDO MARECHAL: DE ADÁN BUENOSAYRES A EL BANQUETE DE SEVERO ARCÁNGELO

Entonces, y bajo el peso de aquel terror, Adán había caído de rodillas; y sintió que por vez primera su torpe oración ganaba las alturas que se le habían negado tantas veces; y se había dicho que aquel sagrado temor era sin duda el preludio de la ciencia viviente por la cual venía suspirando su alma tras el hastío de las letras muertas. Un temor sagrado. Pero ¡cuán fácilmente se disipaba ya entre los ruidos y colores del nuevo día!

Leopoldo Marechal

Tal como lo veo, Adán Buenosayres constituye un momento importante en nuestras desacertadas letras.

Julio Cortázar

Marechal constituye un caso remoto por la doble razón de ser argentino y de que, a causa de su militancia peronista, se hallaba excluido de la comunidad intelectual argentina.

Héctor A. Murena

Leopoldo Marechal nació en Buenos Aires en 1900 y falleció en la misma ciudad en 1970. Cultor de una poesía y una narrativa de alto vuelo literario y metafísico, produjo obras cuyo estilo resulta algo abstruso para el lector no iniciado en estudios lingüísticos y literarios. En un análisis profundo de la obra de Marechal, Gaspar del Corro sostiene que en él se puede ver el conflicto entre la *originalidad* y la *originariedad* de su mensaje. Con lo primero, hace referencia al estilo del autor, que es inconfundible. Por lo segundo, "la propuesta ideológica de Marechal, explícita o implícita, ya se la mida como formulación consciente del escritor o como código subyacente, muestra siempre una sobrecarga de tradición, bien visible".[1] Luego de destacar el frecuente recurso a la estructura antitética, a los paralelismos, a las construcciones bimembres, este estudioso sostiene que, en Marechal, religión es ruptura y, en lo que se refiere a lo ontológico-metafísico: "La verdad en Marechal no se define en términos de 'con-formidad del sujeto con el objeto' *dado,* sino con un objeto abierto, *dable.* Por eso su conocimiento es acto de *religación* e

---

[1] Gaspar Pío del Corro, "Leopoldo Marechal o la lucidez combatiente", *Megafón,* Revista interdisciplinaria de estudios latinoamericanos, Año II, Nro. 3, Buenos Aires: Centro de Estudios Latinoamericanos, julio de 1976, p. 5.

instauración simultáneas".² Es precisamente a la *religación*, entendida como la búsqueda de la trascendencia, detectable en frecuentes imágenes bíblicas usadas por Marechal, a la que hemos de referirnos en este ensayo.

Pero antes, un dato poco conocido y menos difundido. En rigor, se trata de dos datos de la vida de Marechal, uno, político, el otro, religioso. En lo político, Leopoldo Marechal adhirió al peronismo, cosa impensable en los autores de la época que, en su gran mayoría, militaron en filas contrarias a ese movimiento. El segundo dato, el religioso, es que Leopoldo Marechal y su esposa se asociaron a una iglesia evangélica Pentecostal ubicada en Ciudadela Norte. Varias fuentes bibliográficas avalan este hecho histórico. Por un lado, la revista evangélica *Certeza* dedica el Nro. 50 a la obra de Marechal con varios estudios y análisis, incluido el testimonio de su esposa Elba Rosbaco de Marechal titulado "Como un viaje de bodas". Por otra parte, Arnoldo Canclini, en su obra *400 años de protestantismo argentino*, da cuenta del hecho, señalando que, en junio de 1960, tanto Leopoldo Marechal como su esposa, se vincularon a una iglesia Pentecostal independiente ubicada en Ciudadela, cuyo pastor era Pedro Suligoy. Agrega: "Participó del trabajo de la congregación dando clases en la escuela dominical. A partir de 1963 se dedicó a reuniones en su casa en la calle México, en Buenos Aires. Mantuvo su fe hasta su muerte en 1970".³

---

2 *Ibíd.*, p. 20. Cursivas originales.

3 Arnoldo Canclini, *400 años de protestantismo evangélico*, Buenos Aires: Fadeac-Fiet, 2004, p. 450. Allí mismo, Canclini cita un ensayo de mi libro en portugués *Do terror a esperanza*, en la que incluyo estos datos y agrega que en la nota necrológica del diario *Clarín*, se consignó el testimonio de Marechal, que decía: "Dentro de mi obra se ve muy claramente mi aceptación de Cristo como mi único y suficiente

Un testimonio fuera del ámbito evangélico es el siguiente, de Carlos Velazco, amigo de Marechal, que abunda en detalles y pormenores del hecho:

> He aquí el texto, con las advertidas acotaciones documentales, de la nota publicada por Primera Plana: Ocurrió en Ciudadela, no en la Ciudadela mística de *El banquete de Severo Arcángelo*, sino a cinco cuadras de la General Paz, rodeando el muro del Cementerio Israelita, en una cortada que se abre paso hacia las vías y cuya única justificación urbanística es trazar una ruta a la casi anónima Iglesia Pentecostal (*El banquete,* pág. 272) donde Leopoldo y Elbia Marechal conocieron al hermano Pedro, pastor de una comunidad que [...] no se limitaba al apostolado y a las prácticas litúrgicas de rutina, sino que sobreabundaba en extravagantes profecías [...] y curaciones milagrosas...[4]

---

salvador y la exaltación de las palabras del evangelio que leo constantemente y que propongo a todos mis amigos, hasta los marxistas, como la única solución para resolver los problemas humanos." *Ibíd.*

[4] Carlos Velazco, "La Ciudadela mística. El hermano Pedro en la vida y en la obra de Leopoldo Marechal", http://carlosvelazco.com.ar/es/cuentos-y-ensayos/56-la-ciudadela-mistica. Acceso: 27 de septiembre de 2011. Velazco agrega: "Entre los libros y otros testimonios que hablan de mi vinculación con el autor de *Adán Buenosayres*, el más importante es el que lleva por título *Mi vida con Leopoldo Marechal* (Paidós, noviembre 1973), escrito por Elbia Marechal, quien, con la mejor intención, y basándose en los recuerdos de aquella experiencia, describe el encuentro con el hermano Pedro, pero sus datos divergen de los que yo atesoro en mi memoria y expuse hace ya más de treinta años". En el artículo citado, Velazco también menciona el testimonio de Bernardo Verbitsky, que en su libro *Literatura y conciencia nacional* indica que Marechal abandonó la Iglesia católica y se "hizo evangelista" (*Sic*), señalando: "Con este paso entendió que definitivamente se convertía en un cristiano integral, sin aditamentos. Son sus propias palabras. Él y su esposa recibían el bautismo evangélico en 1960, esto es, exactamente diez años antes de su muerte... Acudía regularmente a las ceremonias del culto Pentecostal de una pequeña iglesia evangélica, en Ciudadela, un modesto barrio de Buenos Aires, o mejor dicho del Gran Buenos Aires". *Literatura y conciencia nacional* (1973), pp. 72-73. Cabe consignar que, en *Cuaderno*

El testimonio de Elbia es rotundo: "El milagro se produjo no solo en el orden físico, también en el espiritual. Recuperé totalmente la salud, me entregué al Señor, volví a mis cátedras, a mis actividades literarias, a la vida plena. Un año después, en 1960, mi marido y yo recibíamos el bautismo evangélico".[5]

Nuestra estrategia consistirá en analizar la teología de las dos obras escogidas, *Adán Buenosayres* y *El banquete de Severo Arcángelo*, para que, a modo de comparación, podamos detectar si hay una continuidad y una superación en los temas teológicos de ambas narrativas y hasta qué punto la segunda novela revela un compromiso más profundo con el Evangelio y con el protestantismo.

El viaje de *Adánbuenosayres*: porteño y metafísico

Antes de escribir su primera novela, *Adan Buenosayres*, Leopoldo Marechal ya era conocido como poeta. En su ensayo "Las epopeyas de Leopoldo Marechal", Renata Rocco-Cuzzi cita la felicitación que Jorge Luis Borges le envió al poeta a raíz de su publicación de *Días de flechas*. Dice Borges:

---

de navegación, Marechal escribe a Carlos Velazco un texto titulado "Autopsia de Creso", bajo cuya nomenclatura el poeta se dispuso describir al *homo oekonominus* o burgués. Leopoldo Marechal, *Cuaderno de navegación. Edición aumentada*, 3ra. Edición, Buenos Aires: Seix Barral, 2008, pp. 43-75.

5 *Ibíd.* Allí mismo, Velazco agrega que por ese hecho de haber relacionado a Marechal con la iglesia evangélica, muchos lo condenaron tanto a él como a Marechal, aunque en rigor, este último nunca abjuró de nada "porque permaneció siempre fiel al mismo Cristo, que tan entrañablemente ha celebrado en el *Heptamerón*". *Ibíd.*

Tu libro, tan huraño a mis preconceptos, teorías y otras intentonas pretenciosas de mi criterio, me ha entusiasmado. No te añado pormenores de mi entusiasmo, para no plagiarte, pues todavía estoy en el ambiente de tus versos leídos y releídos. Sin embargo, ¡qué versos atropelladores y dichosos de atropellar, qué aventura para la sentada poesía argentina. Vuelvo a felicitarte y me voy.[6]

Pero la crítica a la novela *Adán Buenosayres,* cuya redacción Marechal comenzó en París y terminó en Buenos Aires, no tuvo una repercusión tan elogiosa. Por el contrario, fueron muchas las detracciones que recibió, salvo alguna ponderación positiva de parte de Julio Cortázar. El autor de *Rayuela* pudo superar sus diferencias ideológicas con Marechal –debido a su adhesión al peronismo en 1948– y, de ese modo, reconocer su aporte a la narrativa argentina. Carlos Velazco, refiriéndose a "el silencio de los críticos", destaca a Cortázar como una excepción y lo cita:

> La aparición de este libro me parece un acontecimiento extraordinario de las letras argentinas, y su diversa desmesura un signo merecedor de atracción y expectativa... Tal como lo veo, *Adán Buenosayres* constituye un momento importante en nuestras desacertadas letras. Para Marechal quizás sea un arribo y una suma; a los más jóvenes toca ver si actúa como una fuerza viva, como enérgico empujón hacia lo de

---

[6] Jorge Luis Borges, *Martín Fierro,* año III, Nro. 36, Buenos Aires, 12 de diciembre de 1926, cit. por Renata Rocco Cuzzi, "Las epopeyas de Leopoldo Marechal" en Noé Jitrik, *Historia crítica de la literatura argentina,* vol. 9, *El oficio se afirma,* Buenos Aires: Emecé editores, 2004, p. 461.

veras nuestro. Estoy entre los que creen esto último, y me obligan a no desconocerlo.[7]

Esta opinión contrasta con la que en general suscitó la obra de Marechal. Una de las críticas fue escrita por Adolfo Prieto: "Los dos mundos de *Adán Buenosayres*",[8] cuyo contenido el propio Marechal se ocupó de refutar en "Claves de *Adán Buenosayres*". El escritor admite las influencias de la literatura clásica como *La Ilíada*, *La Odisea* y *La Eneida* y *La divina comedia* de Dante Alighieri. Pero señala como clave hermenéutica que su obra "se desarrolla de acuerdo con el 'simbolismo del viaje', o del 'errar' o del tormentoso 'desplazamiento', imagen viva de la existencia humana".[9] También puntualiza que, inspirado en las epopeyas clásicas, trató de superarlas mediante una "cuarta dimensión": la sobrenatural o metafísica. El itinerario de *Adán Buenosayres* es de naturaleza espiritual como una especie de purificación del alma humana. Luego, el autor distingue entre sus críticos: aquellos que se disgustaron por la obra y aquellos que la aprobaron. Entre estos últimos, menciona a Xul Solar, Raúl Scalabrini Ortiz y Oliverio Girondo. Dentro de los que se disgustaron, menciona específicamente a "mis camaradas martinfierristas" –agrupación a la cual perteneció–, cosa que no dejó de asombrarlo y desconcertarlo. Pero volviendo a la crítica de Prieto, Marechal refuta la poca importancia que le habría dado a la

---

7 *Op. Cit.*, p. 2.
8 Adolfo Prieto, "Los dos mundos de *Adán Buenosayres*", *Boletín de literaturas hispánicas*, Nro. 1, Universidad del Litoral, 1959.
9 Leopoldo Marechal, "Claves de *Adán Buenosayres*", *Cuaderno de navegación*, p. 106.

similitud entre el *Ulises* de James Joyce con el *Adán Buenosayres* ya que, aunque el irlandés toma de Homero la técnica del viaje, Marechal lo utiliza bajo el simbolismo intelectual y espiritual, de modo que *Adán Buenosayres* es un viajero que se desplaza hacia una finalidad determinada. Sobre el final de su defensa, llama la atención el uso que Marechal hace del término "retrógrado". Admite: "Yo soy un 'retrógrado', no en el sentido habitual e insultante de la palabra, sino en la significación 'mejorativa' que voy a exponerle".[10] Y concluye: "Soy un retrógrado, pero no un 'oscurantista', ya que voy, precisamente, de la oscuridad a la luz".[11]

Hubo también una crítica de Eduardo González Lanuza que Carlos Velazco juzga de "insidiosa, sectaria",[12] acaso por la conocida militancia de Marechal en el peronismo, y también una reseña saturada de "fanatismo ideológico", escrita por Emil Rodríguez Monegal, a la cual Héctor A. Murena respondió en un artículo publicado en *La Nación* en noviembre de 1963: "Marechal constituye un caso remoto por la doble razón de ser argentino y de que, a causa de su militancia peronista, se hallaba excluido de la comunidad intelectual argentina".[13]

En cuanto a la estructura de *Adán Buenosayres*, la novela está dividida en siete libros. En los cinco primeros se narra la vida del personaje central durante los días jueves 28, viernes 29 y sábado 30, acaso una subrepticia referencia a

---

10 *Ibíd.*, p. 118.
11 *Ibíd.*, p. 119.
12 *Op. cit.*, p. 3.
13 Cit. en *ibíd.*, p. 4.

los tres días del drama de Jesús de Nazaret: su entrega, su muerte y entierro.[14] Precisamente, la novela comienza con el entierro de *Adán Buenosayres*. Luego, le siguen el libro sexto, titulado "El cuaderno de tapas azules" y el séptimo, "El viaje", como un *descensus ad inferos*. En las claves que hemos comentado, el propio Marechal también admite la inclusión deliberada de ese descenso, explicando:

> Puesto yo en la necesidad ineludible de un descenso *ad inferos*, ¿qué hice? Inventar un Infierno humorístico, dotado, como es visible, de todo el confort moderno. ¿Y para qué? Para que mis alegres conciudadanos tuvieran un pulcro lugar de recreación donde mirarse y mirar a la luz de aquel "humorismo angélico" a que me referí en el prólogo de la novela y que, por intentar una "catarsis", entendió seguir el orden manso de la caridad.[15]

La novela comienza con un "prólogo indispensable" en el que se narra el entierro de Adán Buenosayres en el cementerio del Oeste, en una fecha imprecisa de la década de 1920. Pedro Orgambide comenta: "Se inicia entonces desde lo autobiográfico, la narración de una vida, que en los primeros cinco libros se relata en tercera persona, y en los dos restantes en la más directa y confesional prime-

---

14 Nuestra interpretación se afianza al leer, a posteriori, la autorizada interpretación de Graciela Maturo cuando dice: "En los días de Semana Santa, más precisamente entre un jueves y un viernes, se produce la conversión de Adán, el nacimiento del hombre nuevo, que alberga en sí al Cristo (*Ya no más yo sino Otro vive en mí*, como dijera San Pablo)." Graciela Maturo, *Marechal, el camino de la belleza*, 2da. Edición, Buenos Aires: Biblos, 1999, p. 124.
15 *Cuaderno de navegación*, p. 112.

ra persona del narrador".[16] El mismo autor señala que "el núcleo narrativo, su principal centro de interés, está en el mismo protagonista, en su viaje por el cielo y el infierno de la ciudad".[17] Otros personajes de la novela son el astrólogo Shultze y el filósofo Tesler, que dialogan sobre temas de su propio interés.

Centrando ahora nuestro análisis en los contenidos teológicos de la narrativa, ya en los primeros tramos resulta claro el énfasis de Marechal en las cuestiones antropológicas de su personaje y los vínculos e influencias de sus lecturas apocalípticas. Sitúa a Adán, quien recuerda las palabras del Apocalipsis sobre que la luna será hecha como de sangre y el cielo retirado como un libro que se arrolla, que "venían resonando en sus oídos desde la noche anterior", y agrega, en un pasaje pleno de poesía:

> Entonces, y bajo el peso de aquel terror, Adán había caído de rodillas; y sintió que por vez primera su torpe oración ganaba las alturas que se le habían negado tantas veces; y se había dicho que aquel sagrado temor era sin duda el preludio de la ciencia viviente por la cual venía suspirando su alma tras el hastío de las letras muertas. Un temor sagrado. Pero ¡cuán fácilmente se disipaba ya entre los ruidos y colores del nuevo día![18]

---

16 Pedro Orgambide, "Sobre Adán Buenosayres", *Diccionario de la literatura argentina*, www.literatura.org/Marechal/sobre_adam.htm. Acceso: 28 de setiembre de 2011.

17 *Ibíd.*

18 Leopoldo Marechal, *Adán Buenosayres*, Buenos Aires: Planeta, 1994, p. 21. En adelante: *AB*.

Se trata de la reacción característicamente humana frente a lo numinoso, que Rudolf Otto, antropólogo y teólogo alemán, expone en *Lo santo* como la espontánea reacción humana frente a la presencia de lo divino. En el caso de Adán Buenosayres, se trata de un "temor sagrado" que, a pesar de su intensidad, pronto se disipa en el fragor del nuevo día. Más adelante, el protagonista se pregunta por su realidad ontológica. En diálogo consigo mismo, se interroga: ¿Quién sería esa "entidad absurda, ese nebuloso fumador, ese objeto encerrado en cubo de ladrillos, en una casa de la calle Monte Egmont, en la ciudad de Buenos Aires, a las ocho de la mañana del 28 de abril de un año cualquiera?".[19]

Profundizando en su antropología, la voz narradora plantea: "El Creador necesitaba manifestar todas las criaturas posibles; el orden ontológico de sus posibilidades le exigía un eslabón entre un ángel y la bestia; y eso era el monstruo humano, algo menos que un ángel, algo más que un bruto".[20] Luego de admitir la inmortalidad del alma, su origen divino y su naturaleza caída, el narrador reflexiona en un pasaje pleno de contenidos teológicos:

> ¿Por qué señales había llegado a entender el origen divino de su alma? Por su tendencia irresistible a la unidad, aunque vivía en el mundo de la multiplicidad; por su noción de una dicha necesaria y solo dable en Otro absoluto, inmóvil, invisible y eterno, aunque vivía ella en lo relativo, cambiante, visible y mortal;

---

19 *AB*, p. 30.
20 *Ibid.*

por su vocación de todas las excelencias (Verdad, Bondad, Hermosura) que son atributos divinos y a los que el alma tiende como a su atmósfera natural o a su patria de origen.[21]

En estas reflexiones existen claras referencias a la antropología cristiana en la cual se han insertado influencias filosóficas. La "inmortalidad del alma" es un concepto más bien griego que bíblico[22] y, en cuanto a Dios, se percibe la influencia de Plotino en su referencia al Uno. Aquí, como en otros lugares, "el autor despliega su doctrina teológica de la Unidad del ser...".[23]

En el capítulo dos, irrumpe el "Cristo de la Mano Rota", cuya imagen estaba sobre el pórtico de San Bernardo y contemplaba la calle desde las alturas. Adán Buenosayres tiene un encuentro con él. A la pregunta "¿Qué tenía en su mano de cemento este Cristo de la mano rota?", la respuesta del narrador es:

"Un corazón y un pan. Día y noche lo está ofreciendo a los hombres de la calle. Pero los hombres de la calle no miran a lo alto: miran al frente o al suelo, como el buey. ¿Y yo?" Abatido el rostro, Adán paladeó un instante su antigua y reiterada zozobra. "Un

---

21 *AB*, p. 31.

22 Véase al respecto el ya clásico artículo de Oscar Cullmann "¿Inmortalidad del alma o resurrección de los muertos", *Del evangelio a la formación de la teología cristiana,* Salamanca: Sígueme, 1972, pp. 233-267 y mi ensayo "El cuerpo en el culto: de la negación a la reivindicación" en Juan José Barreda Toscano, editor, *Unidos en adoración. La celebración litúrgica como lugar teológico,* Buenos Aires: Kairós, 2004, pp. 55-81.

23 Graciela Maturo, *Op. Cit.*, p. 129.

pez que se agita, clavado en un anzuelo invisible. La caña del pescador está sin duda en la mano rota". Saludó entonces al Cristo de cemento, y siguió calle arriba, mundo arriba, estudiando con ojos críticos el sombrero que acababa de quitarse.[24]

El encuentro con el Cristo de la mano rota es decisivo en la narrativa de *Adán Buenosayres*, pues implica la "alteridad radical de Adán, que posibilita la reintegración en la unidad trinitaria".[25]

En el capítulo cuatro, hay un diálogo en torno al Mesías. Lo sostienen Samuel Tesler y el propio Adán Buenosayres, quien afirma que el Crucificado había predicho la ruina de Jerusalén y la dispersión de los judíos. Allí se cumplía la maldición del Mesías. Ante la pregunta de Samuel sobre cuándo terminaría esa maldición, el texto dice:

> Hasta que los judíos reconozcan en masa que crucificaron a su Mesías –le contestó Adán–. Entonces...
> Pero Samuel no lo dejó concluir, y esgrimiendo en la tiniebla un puño cerrado:
> –¡No era el Mesías! –gritó–. ¡Era un pobre loco sentimental!
> –Según parece –insistió Adán– tuvieron al Mesías delante de sus narices y no se dieron cuenta.[26]

El capítulo se cierra con la referencia a la ciudad

---

24 *AB*, p. 76.
25 Graciela Maturo, *Op. Cit.*, p. 130.
26 *AB*, p. 295.

de Philadelphia: evocación de la Nueva Jerusalén del Apocalipsis y de la "Ciudad de Dios" agustiniana. Philadelphia hará honor a su nombre: "la ciudad de los hermanos", el amor fraternal. En términos utópicos, Marechal vislumbra esa ciudad como un lugar donde los guardas de ómnibus tenderán su mano a las mujeres, ayudarán a los viejos y acariciarán las mejillas de los niños. Los agentes policiales tendrán buenos modales y en ella no habrá detectives, prestamistas, prostitutas, banqueros ni descuartizadores. "Porque Philadelphia será la ciudad de los hermanos, y conocerá los caminos del cielo y de la tierra, como las palomas de buche rosado que anidarán un día en sus torres enarboladas, en sus graciosos minaretes".[27]

En las postrimerías del quinto capítulo, se produce un nuevo encuentro, definitivo, de Adán Buenosayres con el Cristo de la Mano Rota. Adán llega agitado a la Iglesia de San Bernardo. Hay soledad y silencio. "Entonces la espesa nube de sus terrores, angustias y remordimientos estalla en un sollozo que lo sacude y ahoga, como la náusea de la curtiembre".[28] Allí, Adán Buenosayres confiesa a Cristo como el Verbo encarnado, aquel que tomó forma de hombre y asumió su infinita deuda y la redimió en el Calvario. Pese al fervor de su oración, Adán Buenoayres no advierte ninguna señal, ninguna respuesta. Intentando un último llamado, clama: "Señor, ¡no puedo más conmigo! Estoy cansado hasta la muerte. Yo…".[29] La oración es interrumpida en el instante. Dice la voz narradora:

---

27 *AB*, p. 299.
28 *AB*, p. 349.
29 *Ibíd.*

Las campanas del cielo han comenzado a redoblar, y redoblan a fiesta. Voces triunfantes estallan en los nueve coros de arriba; porque vale más el alma de un hombre que toda la creación visible, y porque un alma está peleando bien junto a la reja de San Bernardo.[30]

En síntesis: *Adán Buenosayres* es la narración del viaje de un porteño que camina las calles de Buenos Aires. En la narrativa, se mezclan elementos geográficos, culturales e históricos con rasgos míticos que provienen de los clásicos y de la Biblia. Es un viaje imaginario de alguien que busca su salvación en medio de los suburbios de la gran ciudad. En su contenido, como bien dice Graciela Maturo: "Se entraman la lectura introspectiva de la vida propia, la conversión del sujeto en sujeto trascendental y una exposición doctrinaria sobre el amor como dinamismo ontológico del alma".[31]

El banquete celestial de Severo Arcángelo

¿Cómo se da el paso de *Adán Buenosayres* a *El banquete de Severo Arcángelo*? ¿Hay continuidad entre ambas narrativas? ¿Hay alguna relación entre sus protagonistas? El propio Marechal, en el prólogo de la segunda novela, dirigida a Elbiamor, su mujer, le dice que en *Adán Buenosayres* había narrado una historia de hombres para hombres. "No obstante, mi sueño infantil quedó en pie: y lo realizo

---

30 *AB*, pp. 349-450.
31 *Op. Cit.*, p. 136.

ahora en *El banquete de Severo Arcángelo*. Es una novela de aventuras, o de 'suspenso' como se dice ahora...".[32] Esa definición la va a corroborar Bermúdez cuando dice: "Toda la Creación Divina es una novela de suspenso".[33] Pero vayamos a la narrativa: el personaje central es un tal Lisandro Farías, que le habría dejado a Marechal una carpeta con documentos valiosísimos de un banquete monstruoso y que hacían referencia a detalles de ese banquete: los informes de las enviadas, un plano de la quinta de San Isidro y de la mesa del banquete, los apuntes de Farías, las versiones taquigráficas de los concilios del banquete, las fichas de los treinta y tres comensales que habían sido robadas por los *Clowns* Gog y Magog, figuras apocalípticas.

La interpretación de Graciela Maturo confirma nuestra sospecha en el sentido de que hay una relación de continuidad entre *Adán Buenosayres* y *El banquete de Severo Arcángelo*. Dice: "La obra retoma al héroe novelesco marechaliano en el punto en que la novela anterior lo había dejado, es decir, sumido en los círculos infernales de la Cacodelphia".[34] Los actores principales de *El banquete* son: Lisandro Farías, especie de aprendiz; su maestro Severo Arcángelo, que en el capítulo VI es descrito como "hijo de un fundidor itálico, descendiente, a su vez, de un linaje de metalúrgicos peninsulares que se perdía en el laberinto de las generaciones anónimas";[35] Pedro "el Salmodiante", que revela a Farías la finalidad de la historia; el profesor

---

32 Leopoldo Marechal, *El banquete de Severo Arcángelo*, Buenos Aires: Planeta, 1994, p. 9. En adelante: *BSA*.
33 *Ibíd.*, p. 208.
34 *Op. Cit.*, p. 139.
35 *BSA*, p. 45.

Bermúdez y Pablo Inaudi. Una vez más, aparecen los símbolos bíblicos, sobre todo apocalípticos, y la influencia de textos clásicos de Homero, los Padres de la Iglesia y Dante Alighieri. Graciela Maturo define la novela en estos términos:

> *El banquete de Severo Arcángelo* es en verdad una novela evangélica, una parábola religiosa que enlaza la historia argentina, y más concretamente el movimiento político conducido por Juan D. Perón, con el movimiento de los últimos tiempos de la Iglesia cristiana.[36]

Es probable que el adjetivo "evangélica" signifique para la autora "inspirada en el Evangelio". Pero bien podríamos extender su significado a un sentido más restringido: de los "evangélicos", interpretación que se reforzaría por el modo en que la autora menciona a la Iglesia: no "católica", sino simplemente "cristiana". Con respecto al trasfondo peronista de la novela, hay un pasaje clave donde Papagiorgiou dice: "A la misma hora, el Papa, en su Vaticano, escribe una encíclica donde recuerda las terribles exhortaciones del Evangelio. Por su parte, Nehrú, De Gaulle y Nasser piensan en un Tercer Mundo que veinte años antes se atrevió a idear un argentino ahora en el destierro".[37]

Resulta importante señalar la incógnita que el autor se permite mantener en su narrativa. Alrededor de "el banquete" hay una gran intriga que se expresa, por ejemplo,

---

[36] *Ibíd.*, p. 140.
[37] *BSA*, p. 133.

en este diálogo: "¿Y qué se propone Severo Arcángelo con semejante Banquete? –pregunté. –Si usted me lo dijera se lo agradecería –me respondió Bermúdez nublándose de repente".[38] El suspenso se mantiene durante casi todo el desarrollo de la narración. Todos se preguntan en qué consiste el banquete. Y hasta Gog y Magog, los *Clowns* que Marechal introduce, y a los que les otorga decisiva participación, se atreven a definir al banquete "como un pasatiempo de cierta oligarquía del dinero...".[39]

El desenlace se produce a partir de algunas revelaciones clave. Una de ellas es el discurso que Bermúdez hace respecto a las edades en la historia. Afirma que la humanidad "ha vivido ya cuatro edades que aquí están simbolizadas por estos hombres metálicos: el Hombre de Oro, el Hombre de Plata, el Hombre de Cobre y el Hombre de Hierro".[40] La naturaleza de los metales implica un deterioro desde el primer hombre, de oro, pasando al de plata, al de cobre y al de hierro. A partir de allí, Bermúdez plantea que, en un pentágono, el punto *e* no está definido por ningún hombre, porque se lo reserva para el "Quinto Adán", que es el Hombre de Sangre. "¡Ese Hombre ha llegado! –anunció dramáticamente Bermúdez–. ¡Y está entre nosotros!".[41] A partir de allí, la narración se agiliza hasta adquirir una dimensión eminentemente cristológica que denota el encuentro del propio narrador con Cristo, mediante el "hermano Pedro". Observemos.

---

38 *BSA*, p.
39 *BSA*, p. 164.
40 *BSA*, p. 194.
41 *BSA*, p. 205.

El personaje humano, clave del desenlace, es "el Salmodiante de la Ventana", habitante posible del "cuchitril", a quien Marechal describe como "un hombre robusto, de mediana estatura y edad incalculable, vestido con un traje civil muy baqueteado; lucía un chaleco de lana verde, tejido por manos caseras, y una corbata roja, sujeta con un broche de metal ordinario."[42] Y se produce el diálogo iluminador:

–Por segunda vez te has acercado a este lugar –me dijo el hombre al cabo de su examen.
–Sí, señor –le respondí en mi aturdimiento.
–No soy tu señor –me objetó con dureza.
–Sí, padre –me corregí yo.
–No soy tu padre.
–Sí maestro.
–No soy tu maestro –volvió a objetar el Salmodiante de la Ventana.
Y advirtiendo mi confusión, dijo con extrema dulzura:
–Soy tu hermano, y Pedro es mi nombre.[43]

El diálogo alcanza su clímax cuando el hermano Pedro afirma que alguien, de una sola vez, agotó la posibilidad del símbolo. El interlocutor intuye que podría ser "El Nazareno", a lo cual Pedro confirma: "El Cristo –asintió el Salmodiante de la Ventana– un nombre que se nos reveló

---

42 *BSA*, p. 265.
43 *BSA*, p. 266.

como superior a todo nombre proferido antes del suyo".[44] Después, le dice que se fue a Ciudadela y le pregunta: "¿Has estado en Ciudadela? —Más allá de Liniers —le respondí nebulosamente".[45] Entonces, el Salmodiante describe:

> Un arrabal sin color ni sonido —aprobó el Salmodiante—: casitas y almas de techo bajo. Así es la Ciudadela visible. Pero a ciertas horas, en un reducto no más grande que una nuez vacía, estallan voces e himnos que perforan el techo bajo del hombre y el techo bajo de su alma, y que abren allá escondidos tragaluces. ¿Quiénes hablan así en la nuez vacía de Ciudadela? Los que hallaron el Nombre perdido y a él se agarran como a un barril flotante. ¿De dónde vienen ellos? De Avellaneda y sus fundiciones quemantes, del Riachuelo y sus orillas grasosas, de los talleres en escarcha o en el fuego, del hambre y el sudor. ¿Qué los anima? La promesa de una Ciudad Cuadrada, el pan y el vino de la exaltación en los blancos manteles del Reino.[46]

Si careciéramos de testimonios históricos de este hecho, la narrativa se quedaría solo en el terreno de lo ficcional. Pero no es así, sino que está atravesada por hechos plenamente históricos. Como hemos señalado, Leopoldo Marechal y su esposa Elbiamor visitaron la pequeña iglesia de Ciudadela Norte donde ambos se bautizaron en 1960.[47]

---

44 *Ibíd.* p. 268.
45 *Ibíd.*, p. 269.
46 *Ibíd.*
47 El templo está ubicado en la calle cuya nomenclatura actual es Juana de Arco No.

El "Salmodiante de la Ventana", de nombre "Pedro", no es otro que Pedro Suligoy, pastor de esa pequeña comunidad evangélica pentecostal, tal como lo atestigua Carlos Velazco.

La historia llega a su desenlace final. Gog y Magog son arrestados al haber fracasado en su "Operación Secuestro". El protagonista dice:

> Desembocamos por fin en el Salón inmenso: vi la Mesa Giratoria, resplandeciente de cristalería, metales ricos y nobles porcelanas. Todo bajo una luz enceguecedora... Y el Banquete "fue". Y yo, Lisandro Farías, nacido en la llanura, muerto en Buenos Aires y resucitado en la Cuesta del Agua, doy testimonio de los hechos.[48]

Conclusión

Tanto *Adán Buenosayres* como *El banquete de Severo Arcángelo* resultan narrativas en las que Leopoldo Marechal inserta aspectos autobiográficos bajo distintos personajes y figuras. En ambas obras hay elementos de la literatura clásica griega, latina y, sobre todo, imágenes bíblicas que Marechal sabe armonizar y plasmar poéticamente. En ambas novelas se trata de la búsqueda de Dios que, en

---

3489, Ciudadela norte.
48 *BSA*, p. 286. El ambiente evangélico pentecostal y la terminología respectiva se harán más notorios en la siguiente novela de Marechal, publicada póstumamente: *Megafón o la guerra*, donde encontramos expresiones típicas de ese ámbito religioso, tales como: "¡Paz del Señor, hermano!" y "¡Si estás ahí, yo te reprendo en el nombre triunfante de Cristo Jesús!". *Megafón o la guerra*, Buenos Aires: Seix Barral, 2007, pp. 97 y 191.

forma apasionada, protagoniza el ser humano, primero en las calles de Cacodelphia, percibiendo en su imaginería la ciudad futura de Philadelphia en la cual reinará el amor y la armonía. Sin embargo, mientras en la primera obra el autor deja a su personaje a las puertas de ese paraíso, en la segunda, no sin peripecias y dudas, relata la entrada final del protagonista en el banquete celestial por medio de Jesús de Nazaret, Aquel que con su cruz superó la posibilidad del símbolo. Mediante el encuentro con el Cristo de la Mano Rota y la acción pastoral del "hermano Pedro", Farías ha pasado de la vida ordinaria a experimentar una vida abundante.[49] En palabras de Graciela Maturo: "Este es el paso de la vida ordinaria a la vida extraordinaria, la conexión con el plan de la Providencia, encarnado en un operativo de redención y reconstrucción por parte de Farías-Marechal".[50]

---

[49] Para C. René Padilla, no hay dudas de que *El banquete de Severo Arcángelo* es una gran novela evangélica, es decir, la primera gran novela evangélica escrita por un autor latinoamericano. "El *Banquete de Severo Arcángelo*. Su dimensión teológica", *Revista Certeza*, No. 50, Buenos Aires, p. 55.
[50] *Op. Cit.*, p. 145.

4
EL TIEMPO MÍTICO EN TERRA NOSTRA, DE CARLOS FUENTES

Para Sophie, en su cumpleaños
Ramos Mejía, 20 de noviembre de 2020.

"–Adiós Felipe. No nos volveremos a ver.
–Espera; háblame de ti; ¿qué hiciste en el nuevo mundo, cómo regresaste, cuándo...?
–Debes imaginarlo todo. He servido al eterno presente del mito".
"No necesita tiempo el cielo, pues allí todo es idéntico desde siempre".

Terra nostra

El tema del tiempo, la vida y la muerte aparecen recurrentemente en la obra de Carlos Fuentes. Esas cuestiones son abordadas en novelas como *La región más transparente, La muerte de Artemio Cruz, Una familia lejana* y *Cambio de piel,* cuya interpretación encaramos en el capítulo 6. Ninguna de las obras mencionadas es tan acusadamente apocalíptica como *Terra nostra*.[1] Como señala Lois Parkinson Zamora,[2] la obra narra los orígenes de México en el siglo XVI, pero se desarrolla en un tiempo futuro, que es el año 1999. Explica la especialista estadounidense:

> De ese modo, el pasado y el futuro quedan mediados por la novela misma, que avanza hacia su fin apocalíptico, no para mostrar la destrucción de un mundo ficticio como *Cien años de soledad* sino para evocar el momento mítico en que la historia y la novela se integran en una sola realidad.[3]

El tiempo, en sus dimensiones de pasado, presente y futuro y, sobre todo, el tiempo mítico, constituye el centro de nuestra interpretación de la novela de Fuentes.

Desde el momento en que la narrativa, si bien se refiere a la conquista española de México,[4] se ubica en el año 1999, ya es un indicio de que el tiempo, para el narrador, no es un asunto fijo y simplemente lineal. Hay, decididamente, una alteración de las secuencias históricas que ahora se ubican a finales del siglo XX y en las cercanías de un nuevo siglo que, acaso, implica o insinúa también un nuevo mundo. México es conquistado por la corona española y con-

---

1 Carlos Fuentes, *Terra nostra*, 2da. Edición, México: Editorial Joaquín Mortíz, S. A., 1976 (primera edición, 1975).

2 Lois Parkinson Zamora, *Narrar el Apocalipsis*, trad. María Antonia Neira Bigorra, México: FCE, 1994. La autora es especialista en literatura latinoamericana y catedrática de la Houston University. En un breve intercambio por correo electrónico, me dijo, con énfasis: "¡La teología y la literatura son primas hermanas!". Correo fechado en Houston, 9 de noviembre de 2018.

3 *Ibíd.*, p. 195. Cursivas originales.

4 La obra en que Fuentes analiza histórica y culturalmente la conquista española es *El espejo enterrado*, México: Fondo de Cultura Económica, 1992.

vertido en "tierra nuestra". Casi al final de la narración, se nos dice: "Un imperio, nuestro, en México, tierra nuestra, descubierta, conquistada y colonizada por nuestra estirpe real, mas donde nunca una planta real se había hundido en la arena de Veracruz".[5] La importancia de esta novela, según Colchero Garrido, radica en que "es la obra literaria donde Carlos Fuentes ha planeado con mayor detalle esa inquietud que ebulle (*sic*) de su pensamiento de la búsqueda de una explicación de lo que realmente somos".[6]

Pero los acontecimientos suceden en un tiempo mítico referido por Fuentes que, según Parkinson Zamora, es sincrónico y no diacrónico, "un medio que permite la recuperación de épocas que fueron enterradas vivas por invasiones culturales y políticas sucesivas pero que, no obstante, sobreviven bajo la superficie del presente".[7] En uno de los tramos de la novela, un héroe de nombre Tántalo representa a todos los héroes

> … que habrán devorado su presente para alcanzar un loco, ambicioso, enamorado, soñado futuro y, no pudiendo obtenerlo porque el futuro es un veloz fantasma que no se deja apreciar, él liebre, nosotros tortugas, deberán voltear la cara al pasado para recuperar lo más precioso […] el deseo posee, la posesión desea, no hay salida, heroico Tántalo de frágiles cenizas y vencidos sueños, el héroe es Tántalo

---

5 *Terra nostra*, p. 740.
6 María Teresa Colchero Garrido, "El milenarismo en *Terra Nostra* de Carlos Fuentes", https://filosofia.buap.mx/sites/default/files/Libros%20electr%c3%b3nicos/Literatura/Elmilenarismo.pdf, p. 24. Acceso: 19 de noviembre de 2020.
7 *Terra nostra*, p. 192.

y su contrincante es el Tiempo: lucha final, vence el Tiempo, vence al tiempo...[8]

La narración muestra que el presente es devorado para alcanzar, acaso, un futuro soñado, un futuro que es veloz como un fantasma que, como tal, no se puede aprehender. Por otra parte, el héroe Tántalo es adversario del Tiempo al cual vence.

En la segunda parte de la novela, que se refiere al Mundo Nuevo, la voz narradora dice:

> Reflexioné así sobre la triste muerte de un hombre en el tiempo, pues la abundancia de pasado me obligaba a olvidarlo y vivir solo este fugaz presente y, capturado por la sucesión sin memoria de los instantes, nada me era dado escoger; mi futuro sería tan oscuro como mi pasado.[9]

El tema sigue siendo el tiempo. El hombre es un sujeto del tiempo y su destino es la triste muerte. La abundancia de pasados obliga al narrador a olvidar ese destino aciago y vivir intensamente solo lo que es un "fugaz presente", porque ese presente se torna en una continuidad o secuencia de instantes sucesivos. Al final, concluye, en tono de resignación, que su futuro sería tan oscuro como su pasado. Como dice Jorge Hernández en la presentación de su libro de entrevistas a Fuentes: "El tiempo abarca todos los territorios conocidos y en los espacios desconocidos mide

---
[8] *Ibíd.*, p. 254.
[9] *Ibíd.*, 363

distancias y velocidades. El tiempo entonces reúne la eternidad que cabe en un instante y el recuerdo entrañable de lo remoto".[10]

El tiempo guía la vida de los seres humanos y "la madre tierra y el padre sol inventaron y ordenaron el tiempo, que es el curso del destino".[11] En contraste con esta realidad humana, en el cielo la situación es opuesta. "No necesita tiempo el cielo, pues allí todo es idéntico desde siempre".[12] Esta referencia al tiempo celestial puede relacionarse con el tiempo cristológico al que se refiere Joseph Comblin cuando dice respecto a Cristo: "Él no está ligado a nuestro tiempo; se halla en un tiempo distinto del nuestro. No obstante, estos dos tiempos se comunican en esto: en que él nos llama hacia sí y por consiguiente nos introduce en su tiempo propio".[13]

Más adelante en la narrativa, aparece la referencia al tercer tiempo. La sección se titula, precisamente, "La profecía del tercer tiempo". El personaje central es el mago que se refiere al tema y dice:

---

10 Carlos F. Hernández, "Territorios del tiempo", prólogo a *Carlos Fuentes: territorios del tiempo. Antología de entrevistas*. Compilación e introducción de Jorge F. Hernández, México: FCE, 1999, p. 7. Reflexionando sobre el tema del tiempo, Claude Romano afirma que el tiempo en la metafísica es un tiempo sin novedad, en el cual nada adviene, sino que todo deviene y, recurriendo a un lenguaje poético, agrega: "El futuro ya es presente en ciernes, donde las aguas que fluyen son las que existen río arriba. Pues que nada adviene, el futuro no tiene diferencia radical con el presente, no es sino un presente futuro, como el pasado es un presente pasado". Claude Romano, *Lo posible y el acontecimiento*, trad. Aníbal Fornari, Patricio Mena, Enoc Muñoz, Santiago de Chile: Ediciones Universidad Alberto Hurtado, 2008, p. 88.

11 *Terra nostra*, p. 398

12 *Ibíd*. p. 396.

13 Joseph Comblin, *La resurrección de Jesucristo*, trad. L. R. Capriotti, Buenos Aires, Carlos Lohlé, 1962, p. 68.

Tres son los tiempos del hombre. El primer tiempo del mundo tuvo lugar bajo el reino de la fe, cuando el pueblo elegido, aún débil y esclavizado, no era capaz de liberarse. Su ley fue la de Moisés; ese tiempo se continuó hasta que vino Aquel que dijo: 'Si el Hijo os libera, seréis realmente libres'. El segundo tiempo fue instaurado por Cristo y dura hasta el presente; nos libera con respecto al pasado pero de ninguna manera con respecto al futuro...

El mago se limpió los dientes con una espina de pescado: –El tercer tiempo se iniciará en estos días que vivimos. Es inminente. Pues, ¿no vemos por doquier que se cumplen las profecías que Mateo puso en boca de Jesús, levántase nación contra nación, y tormentos y hambres, plagas y grandes tribulaciones, y se levantan falsos profetas, crece la iniquidad y se enfría el amor: el mundo envejece y se deteriora? [...] El bien pertenece al tiempo de los hombres. Su triunfo es parcial. Debe venir el mal absoluto para que le venza el bien absoluto y este es divino.[14]

Hemos transcrito todo este largo párrafo para constatar que estos tres tiempos deben su génesis a las ideas del místico calabrés Joaquin da Fiore, que dividió la historia en los tres reinos: reino del Padre (la ley), reino del Hijo (la gracia) y reino del Espíritu (el amor). Sus ideas tuvieron mucha repercusión a través de los tiempos y teólogos y filósofos como, por caso, Jürgen Moltmann y Gianni Vattimo se hacen eco de esas ideas del místico italiano.[15] Volviendo

---

14 *Terra nostra*, p. 554.
15 Ver al respecto, Jürgen Moltmann, *Trinidad y Reino de Dios*, trad. Manuel Ola-

al discurso del mago, el personaje se refiere al Anticristo como el mal absoluto. Y agrega:

> El mal absoluto provocará el bien absoluto. Vendrá el Hijo del Hombre sobre las nubes del cielo con poder y majestad grande. Y enviará a sus ángeles con resonantes trompetas y reunirá de los cuatro vientos a sus elegidos, se sentará en su trono de gloria y a los justos les dará posesión del reino preparado para ellos desde la creación del mundo, diciéndoles: Tuve hambre, y me disteis de comer; estaba desnudo, y me vestisteis. Y a los malditos apartará de su vera y los lanzará al fuego eterno, diciendo: Fui peregrino y no me alojasteis, estuve enfermo y en la cárcel y no me visitasteis.[16]

Se trata de una cita textual del sermón escatológico de Jesús en Mateo 25.31-46, denominado clásicamente como "el juicio de las naciones", y en el cual el eje central es la praxis, la acción solidaria ante el hambriento, el desnudo, el encarcelado. Y Jesús se identifica con esos desclasados para decir que en cuanto lo hicieron a ellos se lo hicieron a él mismo. En otras palabras, en las personas hambrientas, desnudas y privadas de libertad está identificado Jesús. Es altamente significativo que un filósofo judío como Emmanuel Lévinas cite ese texto en sus clases en la Sorbona de París y comente: "La señal dada al otro es sinceridad,

---

sagasti, Salamanca: Sígueme, 1983, pp. 220-226 y Gianni Vattimo, *Después de la cristiandad. Por un cristianismo no religioso*, trad. Carmen Revilla, Buenos Aires, Paidós, 2004, pp. 38-50.

16 *Ibíd.*, pp. 554-555.

veracidad según la cual se glorifica la gloria. El infinito posee la gloria a través del acercamiento a otro, mediante mi sustitución del otro o mi expiación por otros".[17]

Esto nos conduce al tema del tiempo en el Apocalipsis. Es de diversas dimensiones porque, al comienzo del libro bíblico, la voz narradora dice: "Bienaventurado el que lee, y los que oyen las palabras de esta profecía, y guardan las cosas en ella escritas; que el tiempo está cerca".[18] Aquí no se trata del tiempo como *cronos*, sino del tiempo oportuno: el *kairós*.[19] En 6.11, a quienes claman al Señor por juicio y venganza de los enemigos, "... se les dieron vestiduras blancas, y se les dijo que descansasen todavía un poco de tiempo". Aquí, nuevamente se trata del tiempo cronológico, medible. En 12.12, la voz narradora se refiere al diablo, a quien le queda poco tiempo para actuar en el mundo. Y vuelve a aparecer el *kairós*, denotando que al diablo le quedan pocas oportunidades favorables para sus nefastos propósitos destructivos. Y dos versículos más adelante, se describe a la mujer con alas de águila: "Y se le dieron a la mujer las dos alas de la gran águila, para que volase de delante de la serpiente al desierto, a su lugar, donde es sustentada por un tiempo, y tiempos, y la mitad de un tiempo".[20] Una vez más, se trata del tiempo oportuno en que la mujer es sustentada en el desierto. En las postrimerías del libro,

---

17 Emmanuel Lévinas, *Dios, la muerte y el tiempo*, trad. María Luisa Rodríguez Tapia, Barcelona: Altaya, 1999, p. 238.
18 Apocalipsis 1.3, Reina Valera 1960 (RV 60). La Nueva Biblia Española traduce: "el momento está cerca".
19 Para un análisis filosófico del término *kairós*, véase Giacomo Marramao, *Kairós. Apología del tiempo oportuno*, trad. Helena Aguilá, Barcelona, Gedisa editorial, 2008.
20 Apocalipsis 12.14, RV 60.

se repite la expresión del comienzo: "No selles las palabras de la profecía de este libro, porque el tiempo está cerca".[21] Nuevamente, se trata del *kairós* establecido por Dios para el cumplimiento de las palabras proféticas del libro. A esta muestra de las citas del tiempo en Apocalipsis como *cronos* y como *kairós*, podemos agregar, finalmente, la referencia de 10.6, donde el narrador se refiere al ángel que levantó su mano al cielo "y juró por el que vive por los siglos de los siglos, que creó el cielo y las cosas que están en él, y la tierra, y las cosas que están en ella, y el mar y las cosas que están en él, que el tiempo no será más".[22] Aquí se dice que el *cronos* que domina el mundo de las criaturas y rige sus destinos dejará de ser, desaparecerá o, en otros términos, que ese tiempo lineal será atravesado por la eternidad o el eterno presente.

Por otra parte, el tiempo está relacionado con el espacio y con la tierra y el cielo. En un diálogo entre Ludovico –estudiante de teología– y el Maestro Valerio Camillo, este último reflexiona sobre el tiempo, la memoria, y el espacio. En un momento de su exposición, dice:

> Del recuerdo del presente y del pasado se pasó a la ambición de recordar el futuro antes de que ocurriese, y esta facultad se llamó previsión o providencia. Otros hombres, más audaces que los anteriores, se inspiraron en las enseñanzas de la Cábala, el Zohar y los Sefirot judíos para ir más allá y conocer el tiempo de todos los tiempos y el espacio de todos los

---

21 Apocalipsis 22.10, RV 60.
22 Apocalipsis 10.6, RV 60.

espacios; la memoria simultánea de todas las horas y todos los lugares.[23]

La suma de todos los tiempos y de todos los espacios es memoria simultánea y eso se habría logrado mediante la aplicación de ejercicios de la hermenéutica judía. Pero, en todo caso, siempre el tiempo está relacionado con el espacio. Más adelante, Ludovico vuelve a reflexionar sobre el tiempo en una especie de instante eterno:

> Y así, Felipe, reconquistaremos nuestra auténtica naturaleza humana, que es divina, y Dios no será más necesario, ni el cielo, ni el infierno, ni la resurrección, porque en un mismo instante que es todos los tiempos y en un mismo espacio que los contiene a todos, habremos visto y sabido, para siempre y desde siempre, la manera como todo se relaciona: la totalidad de las materias y formas como hemos sido, somos y seremos, reunidas en una sola fuente de sabiduría que todo lo unifica sin sacrificar la unidad de nada. Asistiremos, Felipe, al teatro de la eternidad...[24]

El discurso plantea la *theosis*,[25] es decir, la divinización

---

23 *Terra Nostra*, p. 563.
24 *Ibíd.*, p. 620.
25 El teólogo ortodoxo Ioannis Zizioulas dice al respecto: "En el lenguaje de los Padres esto se llama 'divinización' (*theosis*), que significa participación no en la naturaleza o sustancia de Dios, sino en su existencia personal. El objetivo de la salvación es que la vida personal que existe en Dios se dé también en el nivel de la existencia humana". Ioannis D. Zizioulas, *El ser eclesial*, trad. Francisco Javier Molina de la Torre, Salamanca: Sígueme, 2003, p. 63, Cursivas originales.

del ser humano, tema acaso insinuado en la segunda carta de Pedro: "Ser participantes de la naturaleza divina".[26] Es la visión apocalíptica de la reintegración de toda la creación con Dios, cuando un mismo instante es todos los tiempos y espacios, cuando las materias y formas y lo que somos serán reunidos en una sola fuente de sabiduría y se alcanzará la unificación de todo en el "teatro de la eternidad".

Volviendo por un momento a la sección titulada "La profecía del tercer tiempo", el mago dice a Ludovico:

> ... no regresaremos a la edad de oro original, no la encontraremos al terminar la historia, la edad de oro está dentro de la historia, se llama futuro, pero el futuro es hoy, no mañana, el futuro es presente, el futuro es ahora, o no hay tal tiempo; el futuro somos nosotros, ustedes, yo...[27]

Para el mago, no hay que esperar una edad de oro porque ya está presente en el seno de la historia. Eso se llama futuro, pero no hay que esperarlo porque es hoy, el presente que es ahora. Y remata diciendo que "el futuro somos nosotros". Nos evoca el famoso poema de Jorge Luis Borges:

> El tiempo es la sustancia de que estoy hecho. El tiempo es un río que me arrebata, pero yo soy el río; es un tigre que me destroza, pero yo soy el tigre; es un fuego que me consume, pero yo soy el

---
26 2 Pedro 1.4. La palabra traducida "naturaleza" es *physis*.
27 *Terra nostra*, p. 556.

fuego. El mundo, desgraciadamente, es real; yo, desgraciadamente, soy Borges.[28]

El poeta argentino afirma que la sustancia de mi yo, de mi persona, es el tiempo. Estoy hecho de tiempo. Soy ser temporal. El tiempo es, como pensó Heráclito, un río en movimiento que me arrebata, me lleva, pero yo mismo soy ese río. Apelando a otra imagen, luego dice que el tiempo es un tigre que me destroza con sus garras, pero yo mismo soy ese felino. Finalmente, el tiempo es fuego que me consume y soy consumido por él. Es mundo no es ilusorio, es real y yo formo parte de ese universo.

Casi al final de la narrativa de Fuentes, aparece la clave sobre el tiempo. Ludovico dialoga con el rey Felipe, "el Señor", y expresa haber abierto los ojos para leer lo único que se salvó del tiempo terrible. Le dice Felipe:

"–El milenio… dijiste que esperabas el milenio para abrir los ojos…

–Fui más modesto, mi amigo. Los abrí para leer tres libros: el de la trotaconventos, el del caballero de la triste figura y el del burlador Don Juan. Créeme, Felipe: solo allí, en los tres libros, encontré de verdad el destino de nuestra historia. ¿Encontrarás el tuyo, Felipe?

–Si aún lo tengo, está aquí. Jamás saldré de mi palacio.

–Adiós, Felipe. No nos volveremos a ver.

---

28 Jorge L. Borges, "Nueva refutación del tiempo" en *Otras inquisiciones*, (Obras completas, Vol. II), Buenos Aires: Emecé Editores, 1974, p. 149.

–Espera; háblame de ti; ¿qué hiciste en el nuevo mundo, cómo regresaste, cuándo...?
–Debes imaginarlo todo. He servido al eterno presente del mito. Adiós".[29]

Para María T. Colchero Garrido, el tiempo termina siendo una referencia vana en la narrativa de Fuentes. La autora mexicana, luego de mostrar la influencia de Norman Cohn en la estructuración de la novela, sostiene que, al fin y al cabo, tanto el tiempo como el espacio son relativos. Dice:

> Todos los tiempos se hacen compatibles: presente, pasado y futuro, tan verdaderos como falsos. Tampoco los prodigios se excluyen los unos a los otros en la existencia literaria de Terra Nostra. Carlos Fuentes deshace finalmente el conjuro del Apocalipsis trenzado al principio de la novela. La realidad es engañosa, parece querer decirnos. Nunca hubo antes ni después. Y el presente es igual de equívoco, aunque nos empeñemos una y otra vez en trazar sus fronteras.[30]

Conclusión

La narrativa de *Terra nostra* se articula a partir del eje

---

[29] *Ibíd.*, p. 746.
[30] *Op. Cit.*, pp. 68-69. Subrayado original. La obra de Norman Cohn que sirve de sustento a la narrativa de Fuentes es *En pos del milenio*, Madrid: Alianza, 1981. El mismo autor, en otro profundo trabajo de investigación, muestra la influencia del zoroastrismo en la idea de consumación de los tiempos. Véase Norman Cohn, "Cómo adquirió el tiempo una consumación" en Malcolm Bull (compilador), *La teoría del apocalipsis y los fines del mundo*, trad. María Antonia Neira Bigorra, México: FCE, 1998, pp. 33-50.

central del tiempo. El planteo mismo mezcla tiempos superpuestos, ya que la voz narradora habla de la Conquista de México en 1999. El tiempo es una realidad vinculada a la tierra que se relaciona inextricablemente con el espacio, por lo cual, hoy se habla de la realidad espacio-temporal. Fuentes toma las ideas de los tres tiempos de la historia de la salvación concebidos por Joaquín da Fiore que, a su vez, representan tres formas de ver el Reino de Dios: reino del Padre caracterizado por la ley, reino del Hijo caracterizado por la gracia y reino del Espíritu caracterizado por el amor y la libertad. Es ese tercer tiempo que, para el mago, es "inminente", donde el tiempo es vencido para dar lugar a la eternidad. Toda la narrativa tiene en el horizonte la realización del Reino de los cielos, la expectación apocalíptica de un mundo nuevo, acaso prefigurado por el nuevo mundo conquistado por España. Pero, en todo caso, la noción de tiempo que permea la novela es el "tiempo mítico". El propio escritor da la clave hermenéutica en una entrevista, al decir:

> El tiempo mítico, que, como digo, es un presente, no admite al pasado como tal. Considera lo que llamamos el pasado —en el sistema lineal de Occidente— como un presente que está aumentando, que está constantemente enriqueciendo el momento, el instante. El pasado nunca es condenado al pasado en un sistema mítico.[31]

---

[31] Entrevista a Carlos Fuentes: Jonathan Tittler, "Interview with Carlos Fuentes", *Diacritics*, 10, III. 1980, p. 49, cit. por Lois Parkinson Zamora, *Op. Cit.*, p. 192. El propio Fuentes, en una entrevista ofrecida a Miguel Ángel Quemain, pone al descubierto el propósito que tuvo al escribir *Terra nostra*. Dice: "Me propuse confrontar dos problemas en extremo: la capacidad de la literatura para emplear el lenguaje y la

La novela de Carlos Fuentes culmina en imágenes propias del Apocalipsis de Juan, que en los tramos finales vislumbra un cielo nuevo y una tierra nueva en la que ya no habrá más dolor ni muerte porque las primeras cosas pasaron, y donde los tiempos, los espacios, las cosas creadas alcanzan la dimensión de la eternidad o, en palabras que quizás gustarían más a Fuentes: el eterno presente. Parafraseando al personaje de la narrativa, el escritor mexicano bien puede decir: "He servido al eterno presente del mito".

---

imaginación como sus instrumentos propios. Es decir, llevar al máximo la capacidad de imaginar y la capacidad de comunicar... Qué más tenemos, si nos desnudan a los escritores, si nos quitan todo; nos queda el lenguaje y la imaginación como nuestras armas, no el compromiso político, no tal y cual cosa". Miguel Ángel Quemain, "La edad del tiempo según Carlos Fuentes" en Jorge F. Hernández (compilador), *Carlos Fuentes: territorios del tiempo. Antología de entrevistas*, pp. 241-242.

5

BORGES: EL TIEMPO Y LA ETERNIDAD

"El tiempo es un problema para nosotros, un tembloroso y exigente problema, acaso el más vital de la metafísica; la eternidad, un juego o una fatigada esperanza".

Jorge L. Borges

"En su implacable tarea de transcurrir pone el Tiempo señales para que las Criaturas recuerden que siempre está, y pasando".

Liliana Bodoc, *Los días de la sombra*

El tiempo y la eternidad son dos dimensiones que siempre apasionaron a Borges. Son muchos los cuentos en los que reflexiona sobre la temática, vinculada también al espacio o realidad espacio-temporal. En este capítulo abordaremos lo que pensó Borges sobre el tiempo y la eternidad. Para ello, recurrimos a varios de sus cuentos que, en algún sentido, son también ensayos metafísicos y teológicos. Uno de los textos clave es, indudablemente, "Historia de la eternidad".

Planteado así, pareciera que es un oxímoron, una contradicción en términos, ya que si es eternidad, no puede tener historia. Pero ¿es eso lo que quiere decir Borges? Veamos.

El tiempo: intento de refutación

El tema del tiempo es tan central en los textos de Borges, que Roberto Ríos no duda en afirmar que "Borges es el escritor del tiempo, como esencia de la tragedia humana, como carrera ineludible hacia la nada".[1] En *Otras inquisiciones*, Borges incluye dos textos sobre el tiempo: "El tiempo de J. W. Dunne" y "Nueva refutación del tiempo". El primero comienza con una referencia al número 63 de la revista *Sur*, que data de diciembre de 1939. Borges dice que allí publicó una especie de prehistoria, "una primera historia rudimental de la regresión infinita".[2] Luego de referirse a que los hindúes no tienen sentido histórico, Borges analiza específicamente el capítulo XXII de la obra de Dunne: *An Experiment with Time*. Lo central del argumento de Dunne está expresado así:

> ... un sujeto consciente no solo es consciente de lo que observa, sino de un sujeto A que observa y, por lo tanto, de otro sujeto B que es consciente de A y, por lo tanto, de otro sujeto C consciente de B... No sin misterio agrega que esos innumerables sujetos íntimos no caben en las tres dimensiones del espacio

---

[1] Roberto E. Ríos, *La novela y el hombre hispano-americano*, Buenos Aires: La Aurora, 1969, p. 58.

[2] Jorge Luis Borges, *Otras inquisiciones*, Buenos Aires: Emecé-La Nación, 2005, p. 29.

pero sí en las no menos innumerables dimensiones del tiempo.³

Al analizar este argumento, Borges dice críticamente que, con referencia a la conciencia de la conciencia, que implica una vertiginosa y nebulosa jerarquía de sujetos actuantes, él prefiere sospechar que se trata de estados sucesivos (o imaginarios) del sujeto inicial. O sea: no son varios sujetos sino uno solo. Y agrega:

> Si el espíritu –ha dicho Leibniz– tuviera que repensar lo pensado, bastaría percibir un sentimiento para pensar en él y para pensar luego en el pensamiento y luego en el pensamiento del pensamiento, y así hasta el infinito (*Nouveaus essais sur l'entendement humain*, libro II, capítulo I).⁴

A partir de esto, Borges entiende que el procedimiento desarrollado por Dunne es menos convincente pero a la vez más ingenioso que el postulado por Leibniz. Cita luego a Uspenski que, en su *Tertium organum*, postula que ya existe el porvenir. Desde allí concluye en claro lenguaje heracliteano: "Hacia el porvenir preexistente (o desde el porvenir preexistente, como Bradley prefiere) fluye el río absoluto del tiempo cósmico, o los ríos mortales de nuestras vidas".⁵ Borges admite que no pretende saber qué es el tiempo, ni siquiera si es una "cosa", sin embargo, dice:

---

3 *Ibíd.*, p. 30.
4 *Ibíd.*, p. 31. Cursivas originales.
5 *Ibíd.*

"Adivino que el curso del tiempo y el tiempo son un solo misterio y no dos".[6] Al decir "curso del tiempo", Borges está refiriéndose al espacio que recorre el tiempo. Por eso, luego expresa que el error de Dunne radica en concebir el tiempo como una cuarta dimensión del espacio. Pues, al postular que el porvenir ya existe y que debemos trasladarnos a él, "ese postulado basta para convertirlo en espacio y para requerir un tiempo segundo (que también es concebido en forma espacial, en forma de línea o de río)...".[7] En síntesis, para Dunne, cada una de las dimensiones del tiempo no son realmente temporales sino espaciales. Y, contraponiéndolo a los teólogos, agrega:

> Los teólogos definen la eternidad como la simultánea y lúcida posesión de todos los instantes del tiempo y la declaran como uno de los atributos divinos. Dunne, asombrosamente, supone que ya es nuestra la eternidad y que los sueños de cada noche lo corroboran.[8]

En otro texto del mismo volumen, Borges vuelve al tema del tiempo en el ensayo "Nueva refutación del tiempo". Allí, reproduce dos artículos publicados originalmente en la revista *Sur* en 1944 y 1946, respectivamente. Aclara: *"Deliberadamente no hice de los dos uno, por entender que la lectura de dos textos análogos puede facilitar la*

---

6 *Ibíd.*, p. 32.
7 *Ibíd.*
8 *Ibíd.*, p. 33.

comprensión de una materia indócil".[9] Borges desarrolla una intrincada argumentación para la cual se basa en autores como Berkeley, Schopenhauer y Hume, citando también a teólogos, místicos y la tradición judía. Del primero, cita un concepto tomado de *Principles of Human Knowledge*, cuyo núcleo es la afirmación siguiente: "Todos admitirán que ni nuestros pensamientos ni nuestras pasiones ni las ideas formadas por nuestra imaginación existen sin la mente".[10] Lo que Berkeley quiere decir es que los objetos no existen fuera de una mente que los percibe. Y agrega las propias palabras teológicas de Berkeley: "No existen cuando no los pensamos, o solo existen en la mente de un Espíritu Eterno".[11] De Schopenhauer, cita su famoso texto: *El mundo como representación* (*Die Welt als Wille und Vorstellung*), que también se inscribe dentro de la tradición idealista que afirma: "El mundo es mi representación. El hombre que confiesa esta verdad sabe claramente que no conoce un sol ni una tierra, sino tan solo unos ojos que ven un sol y una mano que siente el contacto con la tierra".[12] La deducción, según Borges, es clara: afirma que para el idealista Schopenhauer los ojos y la mano del hombre son menos ilusorios que el sol y la tierra. No duda en calificar ese pensamiento como dualista o puro "cerebrismo". Luego, el pensador argentino analiza a Hume, que está en las antípodas de la propuesta de Berkeley. Dice: "Hume, el escéptico, la refuta y hace de cada hombre 'una colección

---

9 Borges, "Nueva refutación del tiempo", *Otras inquisiciones*, pp. 209-210. Cursivas originales.
10 Cit. en *Ibíd.*, p. 212.
11 *Ibíd.*
12 *Ibíd.*, p. 213.

o atadura de percepciones, que se suceden unas a otras con inconcebible rapidez'".[13] A modo de conclusión de esta parte de su argumentación y, también, de resumen del postulado de Hume, Borges dice:

> He acumulado transcripciones de los apologistas del idealismo, he prodigado sus pasajes canónicos, he sido iterativo y explícito, he censurado a Schopenhauer (no sin ingratitud), para que mi lector vaya penetrando en ese inestimable mundo mental. Un mundo de imprecisiones evanescentes; un mundo sin materia ni espíritu, ni objetivo ni subjetivo; un mundo sin la arquitectura ideal del espacio; un mundo hecho de tiempo, del absoluto tiempo uniforme de los *Principia*; un laberinto infatigable, un caos, un sueño. A esa casi perfecta digresión llegó David Hume.[14]

Comenta Borges que, una vez interpretado el argumento de Hume, lleva a la conclusión lógica de que no es lícito hablar de la forma de la luna ni de su color, porque ambas percepciones son la luna misma. Queda invalidado también el axioma cartesiano: *pienso, luego soy*, porque "decir *pienso* es postular el yo, es una petición de principio...".[15] La conclusión a la que arriba es elaborada en términos críticos: "Negados el espíritu y la materia, que son continuidades, negado también el espacio, no sé qué derecho tene-

---

13 *Ibíd.*, p. 214.
14 *Ibíd.* Cursivas originales.
15 *Ibíd.* Cursivas originales.

mos a esa continuidad que es el tiempo".[16] Y realiza una comparación: mientras Hume niega el espacio absoluto, él –Borges– niega "un solo tiempo, en el que se eslabonan todos los hechos".[17] Luego de ello, afirma: "Cada instante es autónomo",[18] lo cual implica que "somos el minucioso presente".[19]

Luego, Borges apela a tres recuerdos. El primero tiene que ver con su niñez al sur del Gran Buenos Aires. Dice: "Cada vez que el aire me trae un olor de eucaliptos, pienso en Adrogué, en mi niñez".[20] El segundo es de índole filosófica y el tercero, de índole lingüística:

> ... cada vez que recuerdo el fragmento 91 de Heráclito: "No bajarás dos veces al mismo río", admiro su destreza dialéctica, pues con la facilidad con que aceptamos el primer sentido ("El río es otro") nos impone clandestinamente el segundo ("Soy yo") y nos concede la ilusión de haberlo inventado; cada vez que oigo a un germanófilo vituperar el *yiddish*, reflexiono que el *yiddish* es, ante todo, un dialecto alemán, apenas maculado por el idioma del Espíritu Santo.[21]

Más allá de aclarar que la expresión "idioma del Espíritu Santo" se refiere al hebreo con el cual está escrito

---

16 *Ibíd.*, p. 215.
17 *Ibíd.*, p. 216.
18 *Ibíd.*
19 *Ibíd.*
20 *Ibíd.*, p. 217.
21 *Ibíd.* Cursivas originales.

el Antiguo Testamento, lo central de la argumentación borgeana es la crítica a la facilidad con que asumimos que el río es una realidad distinta a nosotros, es "otro". Esto preanuncia, como veremos, el remate final de su argumento en lenguaje poético. Los tres ejemplos esgrimidos son, para Borges, simples tautologías y representan su vida entera. Más adelante, el autor apela la Mishnah. Sostiene:

> El quinto párrafo del cuarto capítulo del tratado Sanhedrín de la *Mishnah* declara que, para la Justicia de Dios, el que mata a un solo hombre, destruye el mundo; si no hay pluralidad, el que aniquilara a todos los hombres no sería más culpable que el primitivo y solitario Caín, lo cual es ortodoxo, ni más universal en la destrucción, lo que puede ser mágico.[22]

Luego, Borges admite los límites del lenguaje, al decir: "Todo lenguaje es de índole sucesiva; no es hábil para razonar lo eterno, lo intemporal".[23] Esa sentencia sirve de preámbulo para la inserción de un texto ya citado y que data de 1928: "Sentirse en muerte". El texto es demasiado extenso para citarlo en el presente trabajo. Básicamente, se refiere a una experiencia que tuvo el autor unas noches atrás en ese año, donde salió a caminar por Barracas, localidad que, dice, no visitaba con frecuencia. En un momento se detiene y piensa que ese ámbito que transitaba era lo mismo que hacía treinta años. Entonces, expresa:

---

22 *Ibíd.*, p. 218. Cursivas originales.
23 *Ibíd.*, p. 219.

El fácil pensamiento *Estoy en mil ochocientos y tantos* dejó de ser unas cuantas aproximativas palabras y se profundizó a realidad. Me sentí muerto, me sentí percibidor abstracto del mundo; indefinido temor imbuido de ciencia que es la mejor claridad de la metafísica. No creí, no, haber remontado las presuntivas aguas del Tiempo; más bien me sospeché poseedor del sentido reticente o ausente de la inconcebible palabra *eternidad*. Solo después alcancé a definir esa imaginación... El tiempo, si podemos intuir esa identidad, es una delusión: la indiferencia e inseparabilidad de un momento de su aparente ayer y otro de su aparente hoy, basta para desintegrarlo.[24]

Borges parece decirnos que esa experiencia no fue como remontar las aparentes aguas del tiempo –referencia tangencial al río de Heráclito– sin embargo, por un instante se sintió poseedor de la inconcebible eternidad. La conclusión es clara: el tiempo, si es que podemos intuir su identidad, es una especie de delusión, el carácter inseparable entre un momento y otro. Ese carácter basta, según Borges, para desintegrar el tiempo.

En la parte final del texto, denominada "B", Borges sintetiza la historia del idealismo como corriente filosófica. Sin pretender pasar revista a todos sus representantes cita, entre otros, a Plotino y a los teólogos Melebranche y Johannes Eckhart, para quienes es contingente todo lo que no es la divinidad. También menciona a los monistas como Parménides y Hegel. Negar el tiempo representa para

---

24 *Ibíd.* p. 221. Cursivas originales.

Borges dos tipos de negaciones: la sucesión de los términos de una serie y el sincronismo de los términos de dos series. De todos modos, reconoce que la frase "negación del tiempo" es ambigua, toda vez que puede referirse a la eternidad de Platón o a los dilemas de Sexto Empírico. Justamente, la mención de este último le permite encontrar otro argumento en contra de la realidad del tiempo. Tal premisa es resumida así:

> ... el presente es divisible o indivisible. No es indivisible, pues en tal caso no tendría principio que lo vinculara al pasado ni fin que lo vinculara al futuro, ni siquiera medio, porque no tiene medio lo que carece de principio y de fin; tampoco es divisible, pues en tal caso constaría de una parte que fue y de otra que no es. Ergo, no existe, pero como tampoco existen el pasado y el porvenir, el tiempo no existe.[25]

Luego de esta amplia, profunda y enrevesada reflexión sobre el tiempo, Borges llega a la conclusión propia en lenguaje de fuerte tono poético:

> El tiempo es la sustancia de que estoy hecho. El tiempo es un río que me arrebata, pero yo soy el río; es un tigre que me destroza, pero yo soy el tigre; es un fuego que me consume, pero yo soy el fuego. El mundo, desgraciadamente, es real; yo, desgraciadamente, soy Borges.[26]

---

25 *Ibíd.*, p. 228.
26 *Ibíd.*, p. 229.

En *Historia de la eternidad*, se incluyen dos textos sobre el eterno retorno: "La doctrina de los ciclos" y "El tiempo circular". El primero es una refutación al postulado de Nietzsche sobre el eterno retorno. Comienza con una cuestión matemática. Parte del presupuesto de que el número de los átomos que componen el mundo es finito, limitado, de modo que: "*En un tiempo infinito, el número de las permutaciones posibles debe ser alcanzado, y el universo tiene que repetirse*".[27] Para Borges, la aplicación de ese presupuesto implicaría concebir cifras sobrehumanas. Ensaya entonces un ejercicio matemático para intentar responder cuántos estados diferentes puede conocer el mundo para que se produzca un eterno retorno. Solo multiplicando: 1x2 x3 x4 x5 x6 x7 x8 x9 x10 se llega a la cifra de 3 628 800 y argumenta: "Si una partícula casi infinitesimal de universo es capaz de esa variedad, poca o ninguna fe debemos prestar a una monotonía del cosmos".[28] Recurre a Georg Cantor para afirmar que el número de puntos del universo es infinito y llega a la comparación con el postulado de Nietzsche, diciendo:

> El roce del hermoso juego de Cantor con el hermoso juego de Zarathustra es mortal para Zarathustra. Si el universo consta de un número infinito de términos, es rigurosamente capaz de un número infinito de combinaciones —y la necesidad de un Regreso queda vencida. Queda su mera posibilidad, computable en cero.[29]

---

27 Jorge L. Borges, *Historia de la eternidad*, Madrid: Alianza Editorial, 1997, p. 89. Cursivas originales.
28 *Ibíd.*, p. 90.
29 *Ibíd.*, p. 94. Sobre los trabajos de Cantor relacionados con la teoría de los conjun-

En la segunda parte del artículo, Borges vuelve a citar a Nietzsche cuando escribe en 1883:

Esta lenta araña arrastrándose a la luz de la luna, y esta misma luz de la luna, y tú y yo cuchicheando en el portón, cuchicheando de eternas cosas, ¿no hemos coincidido ya en el pasado? ¿Y no recurriremos otra vez en el largo camino, en ese largo tembloroso camino, no recurriremos eternamente?[30]

Apelando a Eudemo, agrega: "*Si hemos de creer a los pitagóricos, las mismas cosas volverán puntualmente y estaréis conmigo otra vez y yo repetiré esta doctrina y mi mano jugará con este bastón, y así lo demás*".[31] Según entiende Borges, en la cosmogonía estoica, "*Zeus se alimenta del mundo*".[32] Lo significativo es que, luego de estas citas procedentes de la filosofía, Borges consigne cómo esa idea de una eterna repetición general se infiltró en el cristianismo. Explica: "Su nombre técnico, *apocatástasis*, entró en los Evangelios (Hechos de los Apóstoles, III, 21), si bien con intención indeterminada. El libro doce de la *Civitas Dei* de San Agustín dedica varios capítulos a rebatir tan abominable doctrina".[33] Más allá de que la referencia a los Evangelios no es exacta –en rigor, el propio Borges cita el texto de Hechos de los Apóstoles–, sí es significativo que

---

tos y vinculada a la obra de Borges, véase Guillermo Martínez, *Borges y la matemática*, Buenos Aires: Emecé/Seix Barral, 2006, p. 16-21.
30 *Historia de la eternidad*, p. 94. Cursivas originales.
31 *Ibíd.*, pp. 94-95. Cursivas originales.
32 *Ibíd.*, p. 95. Cursivas originales.
33 *Ibíd.* Cursivas originales.

para refutar la idea del eterno retorno, tanto en la versión de los pitagóricos como en la de los estoicos, recurra a San Agustín y a la cruz de Cristo. En efecto, en su argumento Borges dice que resulta irrisorio que el Logos muera en la cruz, en funciones repetidas e interminables. Y afirma:

> Las despedidas y el suicidio pierden su dignidad si los menudean. San Agustín debió pensar lo mismo de la Crucifixión... San Agustín se burla de sus vanas revoluciones y afirma que Jesús es la vía recta que nos permite huir del laberinto circular de tales engaños.[34]

Borges consigna que Nietzsche es un cabal helenista e insinúa una crítica cuando, acaso en tono irónico, se pregunta si el filósofo alemán habrá podido ignorar los precursores pitagóricos y presocráticos del mito del eterno retorno. El propio Nietzsche evoca la ocasión cuando, en los bosques de Silvaplana, en agosto de 1881, le sobrevino la idea del eterno retorno. "Es verdad que ese instante es uno de los honores de Nietzsche. *Inmortal el instante,* dejará escrito, *en que yo engendré el eterno regreso. Por ese instante yo soporto el Regreso*".[35] Borges descarta en Nietzsche ignorancia, confusión o vanidad. Y sentencia:

> Mi clave es de carácter gramatical, casi diré sintáctico. Nietzsche sabía que el Eterno Recurso es de las fábulas o miedos o diversiones que recurren eterna-

---

34 *Ibíd.*, p. 96.
35 *Ibíd.*, p. 97. Cursivas originales.

mente, pero también sabía que la más eficaz de las personas gramaticales es la primera. Para un profeta, cabe asegurar que es la única. Derivar su revelación de un epítome, o de la *Historia philosophiae graeco-romanae* de los profesores suplentes Ritter y Preller, era imposible a Zarathustra, por razones de voz y de anacronismo –cuando no tipográficas. El estilo profético no permite el empleo de las comillas ni la erudita alegación de libros y autores...[36]

El profeta en la tradición bíblica no es un investigador que analiza textos y autores para, a partir de ello, enunciar un mensaje. Por el contrario, se maneja por inspiración divina, por revelación y, desde allí, anuncia el mensaje al pueblo de Dios. En ese sentido, Nietzsche pretende ser un profeta que no necesita usar comillas al citar a otros que hayan escrito sobre el eterno retorno.

En la sección III, parte final del artículo, Borges admite que a veces tenemos la sensación de haber vivido un momento. Los partidarios del eterno retorno se basan en tal sensación, pero "olvidan que el recuerdo importaría una novedad que es la negación de la tesis y que el tiempo lo iría perfeccionando –hasta el ciclo distante en que el individuo ya prevé su destino y prefiere obrar de otro modo...".[37] Por otra parte, Nietzsche se refirió a la finitud de los átomos, pero al mismo tiempo concedió que el tiempo es infinito, recurriendo a la idea de una "Eternidad Anterior". Para refutar esta hipótesis, resulta interesante observar que

---

36 *Ibíd.* Cursivas originales.
37 *Ibíd.*, p, 100.

Borges apela a la teología y dice:

> La invocación parece válida, pero conviene repetir que esa Eternidad Anterior (*o aeternitas a parte ante*, según dijeron los teólogos) no es otra cosa que nuestra incapacidad natural de concebirle principio al tiempo... Si el tiempo es infinito para la intuición, también lo es en el espacio. Nada tiene que ver esa Eternidad Anterior con el tiempo real transcurrido; retrocedamos al primer segundo y notaremos que este requiere un predecesor, y ese predecesor otro más, y así infinitamente. Para restañar ese *regressus in infinitum*, San Agustín resuelve que el primer segundo del tiempo coincide con el primer segundo de la Creación –*non in tempore sed cum tempore incepit creatio*.[38]

Hemos consignado este párrafo algo extenso no solo por los argumentos tendientes a refutar el postulado de Nietzsche, sino porque pone de manifiesto el modo en que Borges recurre a la teología cristiana para la elaboración de sus razonamientos.

El argumento final de Borges tiene que ver con la segunda ley de la termodinámica, que establece que hay procesos energéticos irreversibles. Eso anula lo que él mismo denomina "laberinto circular" del Eterno Retorno, porque implica en cuanto al universo que "la luz se va perdiendo en calor; el universo, minuto a minuto, se hace invisible. Se hace más liviano, también. Alguna vez, ya

---

38 *Ibíd.*, p 101-102. Cursivas originales.

no será más que calor: calor equilibrado, inmóvil, igual. Entonces habrá muerto".[39]

A la luz de lo expuesto, cabría preguntarse si al final Borges acepta el tiempo circular o su crítica es más bien un cuestionamiento del tiempo lineal. Al respecto, John Dominic Crossan, que ha estudiado profundamente la obra borgeana, sentencia:

> Lo que surge en Borges de manera preponderante no es tanto una aceptación positiva del tiempo circular como una disquisición negativa de las debilidades del tiempo lineal o bíblico. La circularidad sirve como crítica cómica y parabólica de nuestra presunción de que el tiempo lineal y progresivo sea, en el apocalipsis cristiano o en la utopía secular, un dato obvio y auto evidente de la realidad objetiva.[40]

En su análisis de la presencia de la filosofía en Borges, Zulma Mateos vincula las ideas del escritor argentino referidas al tiempo y a la "realidad" del mundo con la teoría de Everett-Wheeler, que rechaza la visión antropocéntrica del cosmos y sostiene la posibilidad de varios mundos. Dice:

> Dentro de la teoría de Everett-Wheeler, un experimento puede conducir a resultados lógicamente incompatibles y sin embargo todos serían reales. Dentro del complejo mundo borgesiano cada

---

39 *Ibíd.*, p 103.
40 John Dominic Crossan, *De Borges a Jesús. Incursión sobre lo articulado,* trad. María Teresa La Valle, Buenos Aires: La Aurora, 1991, p. 152.

sendero que se bifurca es una alternativa lógicamente conflictiva.⁴¹

Luego de citar el cuento "El jardín de senderos que se bifurcan" concluye que, en esa narrativa:

> Es cierto: se realizan *simultáneamente* alternativas lógicamente incompatibles, pero estas dejarían de ser incompatibles porque se darían en "una estructura de tiempo ramificada internamente compleja". Esto es posible usando una noción de tiempo que no es la estándar, que no concibe el tiempo como una corriente lineal, unidimensional. El tiempo sería una estructura arbórea con tantas ramificaciones como posibilidades surjan ante el evento contingente y en donde la realidad se deslizaría por el sistema total de senderos.⁴²

Carlos Gamerro, en un análisis de varios textos de Borges, destaca cómo en ellos se juega a plegar o cruzar distintos planos atemporales y dice:

> ...desde las temporalidades divergentes, convergentes y paralelas de "El jardín de senderos que se bifurcan", al encuentro con uno mismo en distintos momentos del tiempo ("El otro"), la fusión de dos momentos idénticos en uno solo, acontecimiento que anula o cuestiona la sucesión temporal ("El truco", "Sentirse

---

41 Zulma Mateos, *La filosofía en la obra de Jorge Luis Borges,* Buenos Aires: Biblos, 1998, p. 84.
42 *Ibíd.*, p. 85. Cursivas originales.

en muerte", "Nueva refutación del tiempo") y el vaivén entre el tiempo subjetivo o interior y el tiempo objetivo de los relojes en "El milagro secreto".[43]

La eternidad: "un juego o una fatigada esperanza"

Para entender lo que quiere decir Borges sobre el tiempo, tenemos que recurrir de nuevo a su ensayo "Historia de la eternidad". Allí, comienza por citar un pasaje de la obra *Enéadas,* de Plotino,[44] donde el filósofo afirma que para conocer la naturaleza del tiempo es menester conocer primero la eternidad, ya que esta es arquetipo de aquel. Sobre esa advertencia, Borges dice que es "tanto más grave si la creemos sincera, parece aniquilar toda esperanza de entendernos con el hombre que la escribió".[45] Y entonces agrega el concepto que nos sirve de epígrafe para este capítulo: "El tiempo es un problema para nosotros, un tembloroso y exigente problema, acaso el más vital de la metafísica: la eternidad, un juego o una fatigada esperanza".[46] Luego cita a Platón que, en el *Timeo,* afirma que el tiempo es una imagen móvil de la eternidad. En todo caso, la eternidad es una imagen cuya sustancia es el tiempo. Borges dice que la única manera de aprovechar el pensamiento de Plotino sobre el tema es invirtiendo su método. Recuerda las "oscuridades inherentes al tiempo: misterio metafísico, natural, que debe preceder a la eternidad, que es hija de

---

43 Carlos Gamerro, *Ficciones barrocas,* Buenos Aires: Eterna cadencia, 2010, p. 49.
44 Plotino, *Enéadas,* trad. María Isabel Santa Cruz y María Inés Crespo, Buenos Aires: Colihue Clásica, 2007.
45 *Historia de la eternidad,* p. 13.
46 *Ibíd.*

los hombres".⁴⁷ El problema, argumenta Borges, es que no sabemos precisar la dirección del tiempo. Unos dicen que fluye del pasado hacia el futuro, otros excluyen el porvenir. Y expone otros problemas:

> Otras dificultades propone el tiempo. Una, acaso la mayor, la de sincronizar el tiempo individual de cada persona con el tiempo general de las matemáticas, ha sido harto voceada por la reciente alarma relativista, y todos la recuerdan –o recuerdan haberla recordado hasta hace poco. (Yo la recobro así, deformándola: Si el tiempo es un proceso mental, ¿cómo lo pueden compartir miles de hombres, o aun dos hombres distintos?⁴⁸

Borges profundiza luego en otros tramos el texto de Plotino, que afirma con fervor que *"toda cosa en el cielo inteligible también es cielo, y allí la tierra es cielo, como también lo son los animales, las plantas, los varones y el mar"*.⁴⁹ Borges admite que en ese texto no es posible ensayar una discusión sobre el sistema platónico, pero afirma que para "nosotros" –implícitamente, él– "la última y firme realidad de las cosas es la materia –los electrones giratorios que recorren distancias estelares en la soledad de los átomos–; para los capaces de platonizar, la especie, la forma".⁵⁰ Platón, señala Borges, propone formas universales muy arduas como la "leonidad" o la "mesidad". Y

---

47 *Ibíd.*, p. 14.
48 *Ibíd.*, p. 15.
49 Cit. en *Ibíd.*, p. 17. Cursivas originales.
50 *Ibíd.*, p. 19.

agrega: "Me olvidaba de otro arquetipo que los comprende a todos y los exalta: la eternidad, cuya despedazada copia es el tiempo".[51] En otros términos, el arquetipo universal "eternidad" es despedazado por el tiempo.

En la segunda parte de su exposición, Borges expone el modo en que la Iglesia (dice "nuestra Iglesia") adoptó esa perspectiva platónica. Vuelve a Plotino, para sostener que el mejor documento que se refiere al tema es el tomo quinto de las Enéadas. También cita a las *Confesiones de San Agustín*,[52] cuyo planteo de la eternidad solo se concibe a partir de la aceptación de la fe profesional de la Trinidad, vinculada a las discusiones que se generaron en cuanto a la predestinación y la reprobación. De ese modo, "la eternidad quedó como atributo de la ilimitada mente de Dios, y es muy sabido que generaciones de teólogos han ido trabajando esa mente, a su imagen y semejanza".[53] En el debate entre Pelagio y San Agustín, está, según Borges, la renovación del concepto de eternidad, sobre todo en lo que se refiere a la predestinación. Explica, comenzando con un discípulo de San Agustín:

> ... Dios ha determinado salvar algunos, *según su inescrutable arbitrio,* o, como diría Calvino mucho después, no sin brutalidad: *porque sí (quia voluit)*. Ellos son los predestinados. La hipocresía o el pudor de los teólogos ha reservado el uso de esa palabra a los predestinados al cielo. Predestinados al tormento

---

51 *Ibíd.*, p. 23.
52 Véase San Agustín, *Confesiones,* trad. Pedro Rodríguez de Santidrián, Barcelona: Altaya, 1993, Libro XI, especialmente pp. 327-345.
53 *Historia de la eternidad,* p. 32.

no puede haber: es verdad que los no favorecidos pasan al fuego eterno, pero se trata de una preterición del Señor, no de un acto especial... Ese recurso renovó la concepción de la eternidad.[54]

Para los teólogos, el universo requiere la eternidad porque afirman que sin la atención de Dios sobre el mundo, este recaería en la nada. "Por eso afirman que la conservación de este mundo es una perpetua creación y que los verbos *conservar* y *crear*, tan enemistados aquí, son sinónimos en el cielo".[55]

Borges termina esa sección ofreciendo la clave hermenéutica de su texto: "Hasta aquí, en su orden cronológico, la historia general de la eternidad".[56] Porque planear "la historia de la eternidad" es un oxímoron, ya que la eternidad no puede tener historia. Es, más bien, un repaso histórico de cómo se ha interpretado la eternidad en la historia humana y en sus registros: desde Platón, pasando por Plotino y los teólogos cristianos que la vinculan con lo que en teología se denomina "providencia", es decir, la conservación del universo por parte de Dios, lo que implica una especie de *creatio continua*.

Casi a modo de apéndice, al final Borges ofrece su propia teoría de la eternidad, la que considera una pobre eternidad, ya que no recurre ni a Dios ni a los arquetipos platónicos, y que fuera expuesta en *El idioma de los argentinos*. Ya hemos consignado en la primera parte de este capítulo

---

54 *Ibíd.*, p. 33. Cursivas originales.
55 *Ibíd.*, p. 36.
56 *Ibíd.*

su experiencia en Barracas que le hizo pensar que estaba en los años mil ochocientos y tantos. Concluye que los momentos humanos no son infinitos y dice: "La vida es demasiado pobre para no ser también inmortal... Quede pues en anécdota emocional la vislumbre idea y en la confesa irresolución de esta hoja el momento verdadero de éxtasis y la insinuación posible de eternidad de que esa noche no me fue avara".[57]

Conclusión

El debatido tema del tiempo y de la eternidad ha sido una constante en la historia humana. Por eso, al final de su ensayo, Borges aclara que no se trata de que la eternidad tenga una historia, sino más bien de cómo en el transcurso de la historia se ha considerado el tiempo y la eternidad. Ambas dimensiones remiten la una a la otra. Cuando planteamos el tiempo, inmediatamente nos preguntamos, aunque no lo digamos, si existe la eternidad y si esta es la suma de los tiempos o simplemente una idealización del tiempo. Borges bucea en la historia del pensamiento filosófico griego como en la tradición teológica cristiana. No le convencen ninguna de las propuestas elaboradas por Platón, Plotino y San Agustín. Finalmente, propone su propia visión del tema a partir de cierta experiencia vivida en Barracas que le pareció haberlo transportado a un tiempo sentidamente anterior. Pero, al final, confiesa que cierra su exposición admitiendo el carácter irresoluto de su búsqueda. Porque si el tiempo es un problema irresoluto para los seres hu-

---

57 *Ibíd.*, p. 44.

manos, la eternidad solo puede ser un juego del lenguaje —coincidiendo con su visión de la teología— o una fatigada esperanza. Entre el tiempo y la eternidad acaso está el instante del que hablara Sören Kierkegaard, y que Borges considera en el poema con el que cerramos este capítulo:

Doomsday
Será cuando la trompeta resuene, como escribe
San Juan el Teólogo.
Ha sido en 1757, según el testimonio de
Swedenborg.
Fue en Israel cuando la loba clavó en la cruz la
carne de Cristo, pero no solo entonces.
Ocurre en cada pulsación de tu sangre.
No hay un instante que no pueda ser el cráter
del Infierno.
No hay instante que no pueda ser el agua
del Paraíso.
No hay un instante que no esté cargado como
un arma.
En cada instante puedes ser Caín o Siddharta,
la máscara o el rostro.
En cada instante puede revelarte su amor
Helena de Troya.
En cada instante el gallo puede haber cantado
tres veces.
En cada instante la clepsidra
deja caer la última gota.[58]

---
58 Jorge L. Borges, *Los conjurados. Obras completas III*, Barcelona: Emecé/María Kodama, 1996, p. 454.

6
FINITUD HUMANA E IMÁGENES DE DIOS EN CARLOS FUENTES

> "Hay que pensar en el cuerpo. Agota pensar en el cuerpo. El propio cuerpo. El cuerpo unido. Cansa. No se piensa. Está. Pienso, testigo. Soy cuerpo".
>
> *La muerte de Artemio Cruz*[1]

> "Dios es múltiple... Cada hombre alimenta la creación de un Dios".
>
> *La región más transparente*[2]

Tanto los temas filosóficos como los teológicos aparecen recurrentemente en la amplia obra narrativa del escritor mexicano Carlos Fuentes. Nacido en Panamá, y habiendo adoptado la ciudadanía mexicana, vivió en varios países dado que su padre era diplomático. En Sudamérica vivió en Chile y en Argentina. En sus novelas aparecen muchas

---
1 Carlos Fuentes, *La muerte de Artemio Cruz*, México: Punto de Lectura, 2008, p. 12.
2 Carlos Fuentes, *La región más transparente*, México: Alfaguara, 1998, p. 286.

referencias a la cultura argentina. El presente capítulo pretende analizar los temas de la finitud humana, el bien, el mal y Dios, particularmente en sus novelas *La muerte de Artemio Cruz, Cambio de piel* y *La región más transparente*. Pretendemos indagar el modo en que los personajes de Fuentes aparecen en esas obras, atendiendo a lo que dicen tanto ellos como la voz narradora. La exposición no pretende ser exhaustiva, sino que se ciñe al propósito de descubrir esas temáticas, darles realce e interpretarlas con el fin de arribar a algunas conclusiones o definiciones.

Finitud humana

En el comienzo de *Cambio de piel*, Fuentes presenta al "Narrador", que en una noche de setiembre decide emplear el recurso del epígrafe. "Y el Narrador, como el personaje del corrido, para empezar pide permiso primero".[3] El escenario es descrito pormenorizadamente:

> Hoy, al entrar, solo vieron calles estrechas y sucias y casas sin ventanas, de un piso, idénticas entre sí, pintadas de amarillo y azul, con los portones de madera astillada. Sí, sí, ya sé, hay una que otra casa elegante, con ventanas que dan a la calle, con esos detalles que tanto les gustan a los mexicanos: las rejas de hierro forjado, los toldos salientes y las azoteas acanaladas. ¿Dónde estarían sus moradores? Tú no los viste.[4]

---

[3] Carlos Fuentes, *Cambio de piel,* Buenos Aires: Punto de lectura, 2003, p. 9
[4] *Ibíd.,* p. 11

Y en cuanto a la fecha, la voz narradora indica: domingo 11 de abril de 1965. El primer personaje importante que irrumpe en la narrativa –y en tiempo presente– es Hernán Cortés, quien "aprecia los baldíos y las aguas donde se podría criar ganado pero mira también, a su alrededor, la multitud de mendigos que corren de casa en casa, de mercado en mercado...".[5] Hernán Cortés, que da un discurso a los caciques de Cholula, exhortándoles a que no adoren ídolos, abandonen los sacrificios humanos, no coman carne humana, que se olviden de practicar la sodomía y que den toda su obediencia al rey de España. Hernán Cortés, que después va a incendiar las torres y las casas y manda a los soldados a volcar y destruir los ídolos indígenas. Después, dice la voz narradora, insinuando la imposición de la religión católica a los indios:

> El día de la resurrección, los indios llenan el inmenso atrio. Avanzan lentamente con las ofrendas dobladas; mantas de algodón y pelo de conejo, los nombres de Jesús y María bordados, caireles y labores a la redonda, rosas y flores tejidas, crucifijos tejidos a dos haces.[6]

Que fue una religión impuesta por la fuerza no hay dudas, ya que la narración dice que esa novedad religiosa fue impuesta a la construcción del siglo XVI con puerta renacentista, columnas empotradas y tumbas románticas que los ricos de Cholula mandaron colocar en el terreno sagra-

---

5 *Ibíd.*, p. 13
6 *Ibíd.*, p. 20

do, con cruces de piedra que simulaban madera. Y todavía la imposición se refleja en el castigo, ya que los niños, descalzos, pasan en fila, pero son custodiados por "catequistas armados de varas para pegar sobre las manos de los olvidadizos y las voces agudas que repiten. Tres personas distintas y un solo Dios verdadero".[7] Vaya uno a saber si más allá de la consigna trinitaria, esos indios entenderían el indescifrable misterio de la Trinidad que insumió siglos hasta su dogmática definición. Aparece luego en escena un Cristo, descrito por el narrador con lujo de detalles:

> ... un Cristo vejado, cubierto con la mano de la burla, con la corona de un imperio de espinas: los labios vinagrosos y las gotas de sangre en la frente y los ojos entornados al cielo y la peluca cuidadosamente rizada y faldilla de encaje y la vara del poder bufo entre las manos: otra figura de humillación sin gloria, alejada de los cuatro arcángeles polícromos que guardaban el altar pero cercana a los símbolos del purgatorio que constituían los mayores elementos de la capilla...[8]

El capítulo 2 está consagrado al tema del cuerpo y el alma. Se entra así a lo central de la narrativa, que es cómo muda la piel y cómo los genes van mutando en un cuerpo humano que envejece y tiende a la decrepitud. Aquí, los personajes centrales son Javier y Elizabeth. El cuerpo de Javier va sintiendo los efectos del tiempo, de ese tiempo in-

---

7 *Ibíd.*, p. 21
8 *Ibíd.*, p. 23.

descifrable para la filosofía y la ciencia. Tiempo que, según San Agustín, comenzó con la creación y que él entendía si nadie le preguntaba, pero dejaba de entender si alguien le preguntaba. Y la decadencia de ese cuerpo se patentiza en taquicardias repentinas y en acidez. Describe el narrador con lujo de detalles:

> Y ahora es la acidez la que asciende y desciende por el esófago y, abajo, empieza a quemar, primero el vacío imaginado de un estómago tierno, en seguida los laberintos irritados que en las radiografías muestran claramente un zigzag de espasmos continuos a la altura del colon, y, arriba, demuestra que no es solo un movimiento tenso y caprichoso, sino una sustancia amarga que se detiene en la gloria y llena de los sabores de monedas viejas el paladar blancuzcos, pedregosos, tapizados de placas blancas.[9]

Una situación similar de deterioro físico y decrepitud experimenta el personaje central de *Artemio Cruz*. En efecto, el párrafo con que inicia la narrativa dice:

> Yo despierto... Me despierta el contacto de ese objeto frío con el miembro. No sabía que a veces se puede orinar involuntariamente. Permanezco con los ojos cerrados. Las voces más cercanas no se escuchan. Si abro los ojos, ¿podré escucharlas?... Pero los párpados me pesan: dos plomos, los cobres

---

9 *Ibíd.*, p. 57.

en la lengua, martillos en el oído, una... una como plata oxidada en la respiración.[10]

Artemio Cruz no quiere abrir los ojos acaso porque prefiere, inconscientemente, un mundo imaginario y no el real que le toca vivir. Pero es allí, en la imposibilidad de ponerse de pie, de dominar su cuerpo, cuando reconoce que él es eso: un cuerpo en constante deterioro hacia el final. Por más que le insten a levantarse, él se siente en total imposibilidad y en lo único en que puede pensar es en su cuerpo. Dice: "Hay que pensar en el cuerpo. Agota pensar en el cuerpo. El propio cuerpo. El cuerpo unido. Cansa. No se piensa. Está. Pienso, testigo. Soy cuerpo".[11] En síntesis, aunque

---

10 Carlos Fuentes, *La muerte de Artemio Cruz*, México: Punto de Lectura, 2008, p. 11.

11 *Ibíd.*, p. 12. El tema del cuerpo y, más específicamente, la carne, es abordado por la fenomenología francesa. Pensadores inscritos en esa escuela, tales como Michel Henry y Jean-Luc Marion, entre otros, subrayan la importancia de la carne para relacionarnos con el mundo. De Michel Henry, véase *Encarnación: una filosofía de la carne*, trad. Javier Teira, Carlos Gorka Fernández y Roberto Ranz, Salamanca: Sígueme, 2001 y Alberto F. Roldán, "La encarnación del Logos según la perspectiva fenomenológica de Michel Henry: de la gnosis a la archignosis", *Enfoques*, vol. XXXI, No. 1, Liberador San Martín, Universidad Adventista del Plata, 2019, pp. 47-68. Para ambos, no se trata de considerar al cuerpo humano como un mero cuerpo físico, inerte, como los objetos que no sienten, sino que somos cuerpo. Como dice Marion: "La carne no puede sentir nada sin sentirse ella misma y sentirse que siente (que es tocada e incluso herida por lo que toma); también puede ocurrir que sienta no solo sintiéndose sentir, sino además sintiéndose sentida..." Jean-Luc Marion, *El fenómeno erótico*, trad. Silvio Mattoni, Buenos Aires: Ediciones Literales-El cuenco de plata, 2005, p. 50. La reflexión de Marion señala que la carne misma puede ser un modo de pensar a Dios. Cf. Alberto F. Roldán "Pensar a Dios desde las mediaciones del rostro y la carne en la fenomenología de Jean-Luc Marion", *Enfoques*, Libertador San Martín: Universidad Adventista del Plata, 2021 (en edición). Para un análisis profundo de la obra de Marion, véase Jorge L. Roggero, *Hermenéutica del amor. La fenomenología de la donación de Jean-Luc Marion en diálogo con la fenomenología del joven Heidegger*, Buenos Aires: sb editorial, 2019. Para un abordaje del mismo tema, pero referido a Maurice Merleau-Ponty, véase David A. Roldán, "La 'carne' de Merleau-Ponty como superación del dualismo sujeto-objeto", *Teología y Cultura*, Año 17, Nro. 22, octubre de 2020, pp. 107-120. https://teologiaycultura.ucel.edu.ar/la-carne-en-merleau-ponty-como-superacion-del-dualismo/ Acceso: 23 de diciembre

hay que pensar el cuerpo, ese ejercicio agota, cansa. Pero está presente. Y Artemio Cruz reconoce, fatalmente en este caso, que él es su cuerpo. Decimos fatalmente porque, desde una perspectiva judeocristiana, somos cuerpo, no es que el cuerpo sea un mero aditamento a nuestra humanidad o que, trágicamente, habitamos un cuerpo a modo cárcel del alma. Pero Artemio llega a esa misma conclusión por medio del dolor. Se reconoce cuerpo en el dolor que no cesa.

La finitud humana aparece también en *La región más transparente*. La voz narradora dice, en clave heideggeriana:

> En un rincón, las señoritas de gafas asentían urgentemente al nervioso hablar de Estévez: —El mexicano es este ente anónimo y desarticulado que se asoma a su circunstancia con, a lo sumo, miedo o curiosidad. El Dasein, en cambio, ha tomado conciencia de la finitud del hombre: este es un conjunto de posibilidades, la última de las cuales es la muerte, siempre vista en terceros, nunca experimentada en pellejo propio. ¿Cómo se proyecta el Dasein a la muerte?[12]

Las expresiones son casi un calco de lo que expuso Martín Heidegger en su obra cumbre: "La muerte es la posibilidad *más propia* del Dasein. El estar vuelto hacia esta posibilidad le abre al Dasein su *más propio* poder-ser, en el que su ser está puesto radicalmente en juego".[13] Acaso

---

de 2020.
12 Carlos Fuentes, *La región más transparente*, p. 52.
13 Martín Heidegger, *Ser y Tiempo*, 5ta. Edición, trad. Jorge Eduardo Rivera C., Santiago de Chile: Editorial Universitaria, 2015. §53, p. 284. Cursivas originales. Claude Romano subraya que en la expresión de Heidegger, en el sentido de que la muerte

sea oportuno citar aquí una reflexión del gran periodista y escritor argentino Tomás Eloy Martínez que, en un libro de ensayos –excelente como todo lo que nos ha dejado como legado–, se refiere a un diálogo que mantuvo con Saint-John Perse, a quien había oído decir que la salvación del mundo llegaría a través de la poesía. Cita un tramo de ese diálogo:

> ¿Ha leído la *Introducción a la metafísica?* –preguntó Perse–. Allí el filósofo habla de una civilización que se oscurece a fuerza de reflexionar sobre sí misma, empeñada en la búsqueda de un absoluto al que jamás llegará... La poesía es el punto extremo de esa búsqueda, sobre todo porque el método que emplea no está basado sobre el razonamiento, sino sobre la conciencia de que el Ser es, como dice Heidegger, una realidad que se evapora, un pájaro que vuela siempre más rápido que la mirada".[14]

---

solo es cada vez como propia, el verbo se constituye en "la última palabra de una ontología de la muerte. En esta medida, el deceso, el acontecimiento de una muerte esperada, la crónica de una muerte anunciada, se funda necesariamente en el morir, en la cronología de una muerte anticipada". Claude Romano, *El acontecimiento y el mundo,* trad. María Cristiana Greve, Buenos Aires: Editorial Biblos, 2016, p. 42.

14 Tomás Eloy Martínez, "Saint-John Perse desaparece", en *Lugar común la muerte,* Buenos Aires: Planeta, 1998, p. 59. En la contratapa de la edición citada, además de señalarse que a la sazón Tomás Eloy Martínez era el escritor argentino más traducido –37 idiomas– y de consignar que para muchos este libro era el mejor de los muchos que escribió, se comenta que la obra reproduce confesiones y entrevistas que mezclan literatura y periodismo y que sus protagonistas son hombres frente a la muerte y se agrega: "A través de la magistral escritura de Tomás Eloy Martínez tenemos el privilegio de asistir a los últimos minutos de sus vidas, el momento previo a perderlo todo y cuando, resistiendo a la indiferencia del mundo, se sueña con alguna inmortalidad". *Ibíd.,* contratapa.

Casi a modo de *excursus,* más adelante en *Cambio de piel,* la voz narradora reflexiona sobre la apariencia y la realidad. Acaso como un eco del planteo de Michel Foucault, se refiere a la función de las palabras, y si estas exponen fielmente lo que llamamos realidad, de esta manera:

> Como en ciertos poemas, la apariencia exterior de las palabras, durante estas noches en Falaraki, era solo el velo de otro significado, para el cual las palabras son un puente: la segunda historia se contaba atrás, en silencio, y todo, la vida común como la literatura que Javier empezaba a escribir –a eso vinieron aquí– en una segunda realidad.[15]

Las palabras tienen una apariencia exterior y solo son un velo para otro significado, no el que aparentemente van a proveer. Ellas son meros puentes para otros significados más ocultos, que están en el *background* de la apariencia. Tanto en la literatura como en la vida común existe una segunda realidad oculta que hay que desbrozar. Como si esa reflexión fuera insuficiente, el narrador apela luego a la semiótica para decir:

> ... sabemos respetar nuestros actos externos y los ajenos, porque descubrimos tanto que son insignificantes en sí como significantes porque no poseemos otro conducto hacia la realidad que sostienen y esconden. Entonces, y solo esto es el regreso a los orígenes, podemos descubrir que los actos externos son

---

15 *Cambio de piel,* p. 102.

significativos por sí mismos, únicamente cuando los hemos penetrado para alcanzar la segunda realidad.[16]

La vida y el arte, lo humano y la literatura, constituyen una lucha permanente para alcanzar la "realidad verdadera", la que no admite discusiones. Pero para alcanzarla, hay que jugarse en una dialéctica permanente de situaciones triádicas: deformar, reformar y afirmar, lo que sería equivalente, en el planteo hegeliano, a antítesis, síntesis y tesis.

Esa búsqueda de la realidad tiene que ver también con el amor, la carne y el sexo. Dice el narrador:

> … la realidad interna del amor que solo podía ascender desde esa pesantez física. Y entonces la carne era negada por el amor, pero aclaraba la realidad de la carne y la dualidad se disolvía cuando acercarse era mantener una distancia, y mantener esa distancia que nos permite ver y respetar era la manera de romper la lejanía que el sexo reserva a quienes quisieran contemplarlo sin esa separación que es el espejo de la reunión.[17]

Analicemos este rico texto: "El Dasein, en cambio, ha tomado conciencia de la finitud del hombre: este es un conjunto de posibilidades, la última de las cuales es la muerte, siempre vista en terceros, nunca experimentada en pellejo propio".[18] Ese amor intenso, ese ejercicio sexual, no es

---
16 *Ibíd.*, p. 103.
17 *Ibíd.*, p. 105.
18 *Ibíd.*, p. 106.

ajeno a la gracia, al espíritu y a la resurrección. Dice el narrador en una expresión plena de poesía: "Entonces el archipiélago y el mar podrían nombrarse solos y solo porque ustedes, a su vez, le daban la presencia física, la actualidad del espíritu y la resurrección de la gravedad: nadie revive fuera de la tierra".[19] El amor y el sexo dan presencia física al mundo que los rodea y, de ese modo, el amor pasa de la potencialidad al acto y da lugar a la resurrección de la gravedad, es decir, se hace terreno ya que nadie vive fuera de la tierra porque pertenece a ella. En *Cambio de piel*, Javier afirma –en clave cercana al planteo kantiano– que el amor "se inventa, es un acto de voluntad".[20]

La muerte de Artemio Cruz no es ajena a la vinculación entre deseo, amor y sexo. Sobre el deseo, la voz dice al personaje: "Desearás: como quieras que tu deseo y el objeto deseado fueran la misma cosa; como soñarás con el cumplimiento inmediato, en la identificación sin separaciones del deseo y lo deseado...".[21] Y de la reflexión se pasa al acto. Dice el narrador:

> Acarició el seno de Regina. Imaginar lo que será una nueva unión; la unión misma; la alegría fatigada del recuerdo y nuevamente el deseo pleno, aumentado por el amor, de un nuevo acto de amor: felicidad. Besó la oreja de Regina y vio de cerca su primera sonrisa: acercó el rostro para no perder el primer gesto de alegría. Sintió que la mano volvía a jugar

---

19 *Ibíd.*, p. 107.
20 *Cambio de piel*, p. 166.
21 *La muerte de Artemio Cruz*, p. 69.

con él. El deseo floreció por dentro, sembrado de gotas grávidas: las piernas lisas de Regina volvieron a buscar la cintura de Artemio: la mano llena lo sabía todo...[22]

Volvemos a las reflexiones sobre el amor en *Cambio de piel*. Luego de que Javier afirmara que el amor es un acto de la voluntad, sigue un análisis del machismo mexicano, en el que afirma: "En el fondo los machos mexicanos son onanistas. Si pudieran hacerse el amor a sí mismos, lo harían. La mujer es otra cosa, un estorbo necesario... Me dan asco. El machismo mexicano es un homosexualismo disfrazado".[23] Y de allí la narración pasa, casi sin solución de continuidad, por el machismo argentino en escenarios porteños, es decir, de Buenos Aires, ciudad bien conocida por Fuentes. La voz narradora dice: "Cerraste los ojos. Tarareaste, sonriendo, mientras buscabas a ciegas una estación en el cuadrante. ¿Dónde están mis amigos queridos de entonces? ¡A pan y agua!".[24] La pregunta y la admiración corresponden al tango "¡A pan y agua!", inmortalizado por Ángel Vargas, "el ruiseñor de las calles porteñas". Y luego agrega: "Ese tango nos unía en aquellas noches inolvidables de Armenonville".[25] Más tarde, amplía los recuerdos de Buenos Aires, las tiendas —se menciona a Harrod's—, los restaurantes, los olores a pizza recalentada, las parrilladas con chorizos fritos y chinchulines, mientras en la intersección de Maipú y Sarmiento se construía un edificio y sus

---

22 *Ibíd.*, pp. 73-74.
23 *Ibíd.*, p. 169.
24 *Ibíd.*, p. 170.
25 *Ibíd.*

obreros comían "pan de flauta relleno de queso y jamón,[26] tiras de lomo. Bebían vino, hablaban ese castellano con inflexiones italianas y polacas".[27] Y luego se mencionan la calle Florida –peatonal–, la librería El Ateneo, la calle Lavalle con sus carteleras de cine, el barrio de Belgrano, "caserón de tejas", el camino al Tigre y grandes actores y actrices del cine argentino como Luis Sandrini, Hugo del Carril, Delia Garcés, Tita Merello, Niní Marshall, Enrico (*sic*) Muiño, Ángel Magaña y las hermanas Legrand (Mirta y Silvia). Terminado con ese paseo imaginario por Buenos Aires, y a modo de reflexión final, la voz narradora dice: "Veinticinco abriles que no volverán. Pensaste que el tango era una de las pocas formas contemporáneas de la tragedia y te levantaste".[28]

Artemio Cruz y Javier representan la condición humana: el tránsito de la finitud hacia la decrepitud y de allí a la muerte. Esa muerte, hecho humano inexorable, que es descrita de modo insuperable por Fuentes cuando, al final de su narrativa sobre Artemio, relata:

> ... dicen, repiten... "infarto"... "infarto al mesenterio"... miran tus intestinos dilatados, de un rojo vivo, casi negro... dicen... repiten... "pulso"... "temperatura"... "¡perforación puntiforme!... comer, roer... el líquido hemorrágico escapa de tu vientre abierto... dicen, repiten... "inútil"... "inútil"... los tres... ese coágulo se desprende, se desprenderá de

---
26 Sándwich que en aquellas épocas se llamaba "especial de jamón y queso".
27 *Ibíd.*, p. 171.
28 *Ibíd.*, p. 174.

la sangre negra... correrá, se detendrá... se detuvo... tu silencio... tus ojos abiertos... sin vista... tus dedos helados... sin tacto... tus uñas negras, azules... tus quijadas temblorosas... Artemio Cruz... nombre... "inútil"... "de corazón"... "masaje"... "inútil"... ya no sabrás... te traje adentro y moriré contigo... los tres... moriremos... Tú.... Mueres... has muerto... moriré.[29]

El bien y el mal

El bien y el mal como polos que se remiten entre sí es un tema que aparece casi en toda la narrativa de Fuentes. Pero no siempre es fácil distinguir ambas dimensiones, aunque, en apariencia y *prima facie* parecieran ser fáciles de detectar. En *La región más transparente*, esa dualidad acaso inextricable aparece con nitidez cuando la voz narradora se refiere a México:

> La derrota de México nos conduce, por el contrario, a la verdad, al valor, a la limitación propia del hombre de cultura y buena voluntad. Lo que tiene éxito no siempre es lo valioso, sino todo lo contrario. Y en consecuencia, lo que tiene éxito no es lo bueno, ni lo que fracasa lo malo. No es posible identificar el éxito con el bien y el fracaso con el mal, pues entonces los Estados Unidos serían buenos y México malo.[30]

Por otra parte, el mal se materializa cuando el sujeto en

---

29 *La muerte de Artemio Cruz*, p. 341.
30 *La región más transparente*, p. 78.

cuestión cede a la tentación. Esto se percibe con claridad cuando, en la misma novela, un personaje expresa:

> Yo no tengo tentaciones, por ejemplo. Luego no tengo que superarlas. Me imagino que Cristo, conducido por el Demonio a la cumbre de una montaña desde la que le exhibe todas las tentaciones del mundo, sabía muy bien: primero, que era el Demonio el que lo conducía; segundo, que como era Dios no podía, por un mínimo sentido de congruencia, o aunque fuera por salvar las formas, sucumbir a la tentación del Demonio. Estaba inmune, por adelantado, al Demonio y a sus tentaciones. El pobre Diablo hizo un ridículo espantoso. Dios no puede ser tentado, no existe para él la tentación, luego no puede ser nunca culpable. No tiene nada que superar. Igual me sucede a mí. Tentaciones no siento; puedo, a lo sumo, sentir entusiasmo, que no es lo mismo.[31]

Luego del segmento recién citado encontramos la opinión de otro personaje que, reflexionando, afirma, por un lado, que Dios es "el bien infinito"[32] pero, acto seguido —como corrigiéndose—, agrega: "Pero también es el mal infinito: es el espejo puro, sin fondo, interminable de todo lo que creó. En el bien y en el mal somos sus criaturas".[33]

---

31 *Ibíd.*, p. 270.
32 *Ibíd.*, p. 285.
33 *Ibíd.* También en *Mis años con Laura Díaz* hay una profunda reflexión sobre el mal. Dice Mara: "Ser libres para hacer el mal o el bien y saber que si hago el mal ofendo la libertad que Dios me dio, pero si hago el bien ofendo también a Dios porque me atrevo a imitarlo, a ser como Él, a pecar de orgullo como Luzbel; tú misma acabas de decirlo". Carlos Fuentes, *Mis años con Laura Díaz*, 6ta. Edición, México: Punto de Lectura, 2004, p. 431.

La lógica es implacable, más allá de su no aceptación por la dogmática cristiana: al ser criaturas hechas a la imagen de Dios, portamos el bien y el mal, como Dios. El tema en discusión es el mundo que, según Ixca Cienfuegos, no nos es dado, sino que "Tenemos que recrearlo. Tenemos que mantenerlo. El mundo es ciego y es bruto".[34]

Gonzalo Celorio, luego de comentar el tema del doble en la narrativa de *Cambio de piel,* señala la presencia del mal radical en esta obra. Dice:

> Un ejemplo de esta dimensión colectiva del doble, es decir de la *otredad*, es la matanza de los cholultecas por parte de los conquistadores españoles en la Pirámide de Cholula que Fuentes asemeja al Holocausto en los campos de concentración nazis, ocurrido cuatro siglos después, con la ulterior intención de oponer la cultura al *mal radical*, según Richard Bernstein calificó el Mal, con mayúscula, ejercido por el terrorismo de Estado.[35]

Imágenes de Dios

Luego de la extraña argumentación de que tanto el bien

---

[34] *La región más transparente,* p. 283.
[35] Gonzalo Celorio, "*Cambio de piel* de Carlos Fuentes. Un mural pintado por un miniaturista", revista *Nexos,* p. 4: https://www.nexos.com.mx/?p=34821. Acceso: 16 de setiembre de 2019. Cursivas originales. La versión en castellano del libro de Richard J. Bernstein es *El mal radical. Una indagación filosófica,* trad. Marcelo G. Burello, Buenos Aires: Editorial Lilmod, 2004. La expresión "mal radical" (*radikal Böse*), remite a la obra de Immnauel Kant *La religión dentro de los límites de la mera razón,* trad. Felipe Martínez Marzoa, Madrid: Alianza Editorial 2007. Para un análisis de esa obra en relación con el reino de Dios, véase Alberto F. Roldán, "El concepto kantiano del reino de Dios" en *La religión dentro de los límites de la mera razón,* Lima: Ediciones Puma, 2015, pp. 41-74.

como el mal están también en Dios, Rodrigo se resiste a creer en la brevedad de la vida y en su destino final. Observamos sus dudas inocultables en la siguiente oración: "Sin embargo, Dios es uno... –quiso murmurar [Rodrigo], sin convicción".[36] En contraste con esa afirmación, Ixca Cienfuegos, luego de angostar los párpados, replica:

> Esa es otra mentira. Dios es múltiple. Cada Dios fue engendrado por dos parejas, y las dos parejas por cuatro, hasta poblar el cielo de más dioses que hombres han sido... Cada hombre alimenta la creación de un Dios, Rodrigo; cada hombre, cada sucesión de hombres, refleja el rostro y los colores sin forma de un Dios que lo marca y lo determina y lo persigue hasta que en la muerte se reintegra a la dualidad original.[37]

No hay un solo Dios, según Ixca, como tampoco hay un solo sacrificio. En perspectiva cercana al platonismo, sostiene:

> No, no veo un solo Dios ni un sacrificio aislado. Veo al Sol y a la lluvia en la cima de la Ciudad. Veo los elementos visibles e inmediatos, copulados sin intermedio a la vid de cada hombre. Veo las pruebas fehacientes –sol, lluvia– de un poder superior, y sobre la tierra mi delgada pared de hueso y carne. Esta es la zona del encuentro. Más arriba, los Dioses puros.

---

36 *La región más transparente*, p. 286.
37 *Ibíd*.

> Más abajo, los restos de nuestras vidas, escondidas a los ojos temerosos. Nada más.[38]

El lenguaje de Ixca tiene notables reminiscencias gnósticas –dioses que copulan– como también platónicas, ya que arriba, en el *topos uranos*, habitan los Dioses puros y abajo, en la tierra, están nuestros restos de vidas humanas y cielo y tierra se tornan en el espacio del encuentro. Los gnósticos son referidos de forma explícita en *Cambio de piel*. Dice la narración:

> Son los gnósticos que mandaron a volar la fe a cambio del conocimiento, siempre y cuando fuera un conocimiento secreto y diabólico como el mismo universo sin respuestas, y no se cansaron de hacerle preguntas al Dios enfermo, creador del negro mundo que seguía allí, mostrenco, y luego se vaciaron elaborando la literatura fantástica que los evangelios reclaman…[39]

Se trata de los gnósticos a quienes también menciona Borges, por caso, en su cuento "Tres versiones de Judas", cuando dice en el primer párrafo: "En el Asia Menor o en Alejandría, en el segundo siglo de nuestra fe, cuando Basílides publicaba que el cosmos era una temeraria o

---

[38] *Ibíd.*, p. 287. Los temas de Dios y la carne también están presentes en la narrativa de Juan Carlos Onetti. Véase Alberto F. Roldán, "Influencia de William Faulkner en Juan Carlos Onetti, con referencia a la fe, Dios y la carne. Una perspectiva hermenéutica", *Franciscanum. Revista de las ciencias del espíritu*, Vol. LVIII, No. 166, Bogotá: Universidad San Buenaventura, julio-diciembre 2016, pp. 237-270.
[39] *Cambio de piel*, p. 373.

malvada improvisación de ángeles deficientes".[40]

Luego de citar a Clemente de Alejandría, Marción y Policarpo de Esmirna, la voz narradora de *Cambio de piel* se refiere más ampliamente al más prolífico de los teólogos alejandrinos: Orígenes. La reflexión es una comparación entre Dios y Satanás. Solo Dios es eterno, por lo que se pregunta: "Pues si la eternidad es solo atributo de Dios, ¿cómo se concibe un Infierno eterno? El diablo no puede estar eternamente separado de Dios: este sería el triunfo de Satanás. El milagro del Infierno es que por sus caminos se llega al Paraíso".[41] Para Orígenes, la *palenginesia* implicaba la redención de toda la creación, incluyendo al propio Satanás.

Finalmente, los temas de Dios y de Cristo se conectan, inevitablemente, con la salvación. Aparece con nitidez en los últimos tramos de *La región más transparente*. Federico Robles reflexiona con Cienfuegos sobre la relación entre el sacrificio de Jesucristo y la salvación del mundo, y dice:

> Si Jesucristo impresiona a la gente, es porque renunció a salvarse como Dios para que lo sacrificaran como ladrón... Cristo no murió como ladrón excluyendo la posibilidad de morir como Dios. Precisamente permitió que cada ladrón futuro muriese como Dios. Su muerte asumió todas las muertes, todas las voliciones de muerte, de renuncia y de fracaso. Cristo no solo renuncia a su divinidad aparente, no solo renuncia a ser Dios ante los terceros: renuncia,

---

[40] Jorge Luis Borges, "Tres versiones de Judas" en *Ficciones,* Madrid: Alianza Editorial, 1998, p. 184.
[41] *Cambio de piel,* p. 375.

asumiéndolas, a las posibilidades de hombre, de ladrón, de santo, de adúltero. Todos pueden morir como un Dios porque Dios ha muerto por todos. Todos han de salvarse –todos, o nadie.[42]

Luego de esa salvación universal, más adelante la narrativa se refiere a la salvación del mundo, en la cual México adquiere un protagonismo redentor. Dice el relato: "La salvación del mundo depende de este pueblo anónimo que es el centro, el ombligo del astro. El pueblo de México, que es el único contemporáneo del mundo, el único pueblo que aún vive con los dientes pegados a la ubre original".[43]

Y así se llega a las páginas que, a nuestro juicio enuncian la idea central de toda la novela: de la salvación de México depende la salvación del mundo. ¿Cómo es posible eso? La reflexión parte de asumir que no hay pueblo, fuera de México, que haya experimentado tanto dolor y fracaso. Pero al mismo tiempo, se insiste, la salvación de ese pueblo es condición para la salvación de la humanidad.

> *O se salvan los mexicanos, o no se salva un solo hombre de la creación...* no ha habido dolor ni derrota ni traición comparables a los de México. Y allí se sabrá que si los mexicanos no se salvan, no se salvará un solo hombre de la creación... por cada mexicano que murió en vano, sacrificado, hay un mexicano responsable. Y regreso a mi tesis: para que esa muerte no haya sido en vano, alguien debe asumir la

---

42 *La región más transparente*, p. 406.
43 *Ibíd.*, p. 409.

culpa. La culpa por cada indígena azotado, por cada obrero sometido, por cada madre hambrienta. Entonces, solo entonces, ese hombre singular de México será todos los mexicanos humillados.[44]

De ese modo, la función redentora de Jesucristo, quien muere para la salvación de la humanidad, se transfiere al pueblo de México, que viene del dolor, la frustración y la humillación y en el cual se salvan los otros pueblos.

Pero, en todo caso, siempre la salvación requiere de la fe. Fe en Dios, fe en Cristo, fe en el pueblo. Por eso, en un diálogo breve pero sustancioso, se conversa sobre la fe en estos términos: "… y aunque hubieras triunfado, yo habría dudado de mí, de ti, de todo. ¡No puedo creer a ciegas! Tengo que hacer cosas, tengo que ver qué le pasa a mí fe cuando la pruebo. Y tengo que tener fe sin creer en ella".[45] El sujeto en cuestión puede dudar de todo y puede creer pero no a ciegas. Por lo tanto, decide hacer cosas, poner a prueba su fe para ver si resiste las evidencias. Finalmente, se trata de tener fe sin creer en ella, sometiéndola siempre a verificación empírica porque, al fin y al cabo, "no importa en qué se cree. Importa lo que se sabe. Es más peligroso".[46]

El tema de la fe en Dios, de pronunciar el nombre de Dios, aparece también en un largo monólogo de Artemio Cruz. En expresiones entrecortadas, como reflexiones sueltas, terminales, expresa:

---

44 *Ibíd.*, p. 411. Cursivas originales.
45 *Ibíd.*, p. 469.
46 *Ibíd.*

... Dios mío... ah, ese puede ser el último negocio... ¿quién me pone las manos sobre los hombros? ... creer en Dios... sí, buena inversión, cómo no.... ¿quién me obliga a recostarme, como si hubiese querido levantarme de aquí... ¿hay otra posibilidad de creer que se sigue siendo aun cuando no se crea en ella?... Dios, Dios, Dios...basta repetir mil veces una palabra para que pierda todo sentido y no sea sino un rosario... de sílabas... huecas... Dios, Dios... qué secos mis labios... Dios, Dios... ilumina a los que se quedan... hazlos pensar en mí de vez en cuando... haz que mi memoria ... no se pierda... pienso... pero no los veo bien... no los veo...[47]

Es en el lecho de muerte cuando la persona es invadida por recuerdos, memorias, imágenes, palabras, sonidos. La última inversión, piensa Artemio, es creer en Dios. Pero ¿cómo creer en Dios? ¿Cómo será posible? ¿O será más bien que de tanto pronunciar el nombre de Dios tal ejercicio pierda todo sentido? Como que las palabras, de tanto repetir, se vacían de significado, convirtiéndose en sílabas huecas o puros sonidos. De todos modos, en un esfuerzo de una fe débil, sin convicción, el yacente pide a Dios por quienes se quedan en este mundo, que los ilumine, que los cuide.

Retornemos a *Cambio de piel*. Es como si el narrador utilizara una cámara de filmación que cambia de escenario. En efecto, casi al final de la narrativa, la imagen vuelve el tema de la fe, conectada ahora con la verdad. Se trata de una reflexión situada en Buenos Aires: "La novela es una

---
[47] *La muerte de Artemio Cruz*, p. 294.

traición, dice mi cuate Pepe Bianco, encerrado entre pilas de libros en su calle de Cerrito allá en B. A. Es un acto de mala fe, un abuso de confianza".[48] Tal vez, la sentencia tiene que ver con lo que siempre insistía Tomás Eloy Martínez, en el sentido de que en la novela hay un acuerdo tácito entre autor y lector. Este último acepta que el autor está mintiendo. Y eso, justamente, se conecta con el tema de la verdad. Dice la voz narradora:

> La verdad nos amenaza por los cuatro costados. No es la mentira el peligro; es la verdad que espera adormecernos y contentarnos para volver a imponerse: como en el principio. Si la dejáramos, la verdad aniquilaría la vida... La verdad quisiera ofrecernos la imagen del principio, anterior a toda duda, a toda contaminación. El apocalipsis es la otra cara de la creación. La mentira literaria traiciona a la verdad para aplazar ese día del juicio en el que el principio y el fin serán uno solo.[49]

A la mentira literaria representada por la novela se opone la verdad que nos asedia y que, si la dejáramos, aniquilaría nuestra vida. El apocalipsis es la otra cara de la creación en

---

[48] *Cambio de piel*, pp. 577-578. A propósito de Pepe Bianco (José Bianco), fue un gran escritor argentino que gozó de poco reconocimiento en la Argentina. Dirigió junto a Victoria Ocampo la pionera revista *Sur*, en la cual Bianco otorgaba un gran espacio a Jorge Luis Borges quien, a su vez, lo ponderaba como escritor. Fue autor, entre otras, de las novelas *Las ratas* y *La pérdida del reino*. Influyó en la propia Victoria Ocampo para que se acercara a las narraciones de autores como Carlos Fuentes, Mario Vargas Llosa y Juan Rulfo. Para más datos, véase la cautivante semblanza de Tomás Eloy Martínez "Queríamos tanto a Pepe" en *Op. Cit.*, pp. 152-165.

[49] *Cambio de piel*, p. 578. La novela integralmente apocalíptica de Carlos Fuentes es *Terra nostra*, que hemos analizado en el capítulo 4 de esta obra.

el sentido de que implica la recuperación de la creación primigenia en su plenitud escatológica. No en vano la imagen del Génesis "salía de Edén un río para regar el huerto"[50] es redimensionada en el Apocalipsis: "Un río limpio de agua de vida resplandeciente como un cristal, que salía del trono de Dios y del Cordero".[51] Es una especie de *reintegrato creaturae*. El final de la historia es como un regreso a la creación primigenia, ahora sin el efecto deletéreo del mal. En palabras de Jürgen Moltmann: "La redención es entonces más que la restauración de la creación original, que era buena. Es una *restitutio in integrum*. Si comprendemos de esta manera la redención desde y por la creación, tendremos una *concepción protológica de la escatología*".[52]

En el final de la narrativa, el ser humano abandona su pretensión de ser Dios, lo cual permitirá esa reintegración de la creación primigenia a la intención original del Creador. El personaje de la narración expresa:

> Decidí ir más allá, dejar de ser Dios y ser el Creador. Entonces sí se me podía imputar la totalidad del mundo, más que la justicia, el amor, la muerte y la nada que son los pobres atributos de Dios. Yo deseaba ser todo al mismo tiempo y además lo desconocido, la catástrofe original que nunca recuperaremos como unidad, pero cuyas visiones solo el Creador puede convocar, y no el Dios capturado en los pobres esquemas de la vida y la muerte.[53]

---

50 Génesis 2.10, Reina Valera 1960.
51 Apocalipsis 22.1, Reina Valera 1960.
52 Jürgen Moltmann, *El futuro de la creación*, trad. Jesús Rey Marcos, Salamanca: Sígueme, 1979, p. 146. Cursivas originales.
53 *Cambio de piel*, p. 601.

Conclusión

La finitud humana, el bien y el mal y las imágenes de Dios aparecen en las tres novelas de Carlos Fuentes: *Artemio Cruz, La región más transparente* y *Cambio de piel*. La finitud y cercanía de la muerte es una referencia constante tanto en Artemio como en Javier. El primero siente su cuerpo enfermo y piensa en él hasta agotarse. El cuerpo que en realidad no se piensa, sino que está. Se trata del cuerpo propio que se va, que se disuelve en nervios y escamas, en celdas y glóbulos dispersos. Artemio es testigo de su propio cuerpo hasta darse cuenta y admitir "Soy cuerpo", en una conclusión que coincide con lo que la tradición judeocristiana acentúa: el ser humano es cuerpo y no una mera alma que habita temporalmente un cuerpo a modo de cárcel o presidio. Por su parte, Javier siente la acidez que asciende y desciende por el esófago y empieza a quemar. Las radiografías muestran un zigzag de espasmos continuos a la altura del colon. Es la decrepitud que avanza, implacable, hacia la muerte. En *La región más transparente,* en un lenguaje que remite al planteo filosófico de Martín Heidegger, la voz narradora dice que el Dasein ha tomado conciencia de su finitud. El Dasein es un conjunto de posibilidades, la última de las cuales es la muerte. De modos diferentes, las tres novelas transitan el camino de tres pasos en secuencia inexorable: finitud, decrepitud y muerte.

Las tres novelas ofrecen también una reflexión profunda entre el amor, la carne y el sexo. En *La región más transparente,* ese amor intenso es un ejercicio sexual no ajeno a la gracia, al espíritu y a la resurrección. El amor y el sexo dan presencia física al mundo que los rodea y, de ese modo, el amor pasa de potencialidad al acto y da lugar a la resurrección de la gravedad. En *Cambio de piel*, Javier afirma –en clave kantiana– que el amor "se inventa, es un acto de voluntad".

El trayecto por la narrativa de Fuentes ha expuesto los temas del bien y el mal como un binomio indescifrable, ha mostrado diversas imágenes diversas de Dios y de la búsqueda de salvación. Dada su finitud, el ser humano debe dejar de ser Dios y reconocer que solo el Creador tiene el poder de restituir su creación a la intención original, superándola. Se trata de una verdadera *restitutio in integrum* que, en palabras de San Pablo, es denominada *anakefalaíosis*[54] de todas las cosas en Cristo.

---

[54] Efesios 1.10. Literalmente, "colocar todo debajo de una cabeza" (*kéfale*), traducida como "reunir" o "recapitular", término ya comentado en el capítulo 1.

7
RICARDO PIGLIA: SOLO UN CAMINO DE IDA

> *Busquen la conferencia sobre ética de Ludwig Wittgenstein: "Si un hombre pudiera escribir un libro de ética que fuera realmente un libro de ética, ese libro destruiría todos los demás libros del mundo mediante una explosión". La ética es ese estallido.*
>
> Ricardo Piglia

> "¿Qué valor puede tener la vida si el primer ensayo para vivir es ya la vida misma?".
>
> Milan Kundera

Una de las virtudes insuperables de la narrativa consiste en plantear de modo creativo los problemas humanos, en particular, los problemas éticos. Esto es lo que sucede como consecuencia de una lectura atenta de la novela de Ricardo Piglia *El camino de Ida*. Una vez más, Emilio Renzi, el *alter ego* del escritor argentino, es el personaje central de la novela y comparte esa centralidad con Ida que, como lo plantea Piglia en un momento, puede evocar distintos significados, como se verá.

En primer lugar, nos referiremos al narrador que, como el propio Piglia distingue en uno de sus ensayos, no es exactamente el escritor, sino una voz que narra lo que ha ocurrido o está ocurriendo. Luego, notaremos el ámbito académico donde transcurren los hechos. En tercer lugar, percibiremos cómo aparecen los problemas éticos en la novela, para pasar a los enigmas que plantea el relato. Finalmente, plantearemos lo central de la obra de Piglia: el problema perenne de cómo vincular el pensamiento (teoría) con la acción (ética). Por supuesto, esta es la hermenéutica con que encaramos la lectura de esta obra, aunque existen, por supuesto, muchas otras posibilidades de abordaje.[1]

El narrador se presenta

El primer párrafo de la novela es tan importante que es imposible evitar la cita completa. Dice la voz narradora a modo de presentación del personaje:

> En aquel tiempo vivía varias vidas, me movía en secuencias autónomas: la serie de los amigos, del amor, del alcohol, de la política, de los perros de los bares, de las caminatas nocturnas. Escribía guiones que no se filmaban, traducía múltiples novelas policiales que parecían ser siempre la

---

1 Por caso, Luis Othoniel Rosa –de la Universidad de Nebraska– detecta tres temas en la narrativa de Piglia: la anarquía, la crítica al capitalismo y la tensa relación entre el crítico literario y la institución universitaria. Véase Luis Othoniel Rosa "Traiciones en *El camino de Ida*", Cuadernos *Lirico, Hors-série,* 2019. https://journals.opendition.org/lirico/7670. Acceso: 22 de noviembre de 2019.

misma, redactaba áridos libros de filosofía (¡o de psicoanálisis!) que firmaban otros. Estaba perdido, desconectado, hasta que por fin –por azar, de golpe, inesperadamente– terminé enseñando en los Estados Unidos, involucrado en un acontecimiento del que quiero dejar un testimonio.[2]

Esta presentación del personaje, su existencia, su vida (o vidas), su transcurrir en "secuencias autónomas" como autor de guiones o libros de filosofía o de psicoanálisis, que escribe como una especie de *ghostwriter*, lo muestran como alguien fracasado o, por lo menos, no realizado como persona, no satisfecho de sus vidas vividas en compartimientos estancos que iban desde los amigos al amor, el alcohol, la política, los perros, los bares y las caminatas. Todo ese tedio se rompe con una beca que obtiene para ser *visiting professor* en los Estados Unidos. De ese modo, se presenta al personaje: profesor y escritor argentino, situado en una universidad de New Jersey, donde transcurrirán los hechos que va a narrar.

Ida: del símbolo a la persona

Por supuesto, Ida es el personaje femenino de esta novela. Se la describe en reiteradas oportunidades. Fundamentalmente, Ida Brown es el primer contacto que tiene Renzi cuando lo invitan a postularse para enseñar en esa universidad ubicada en las afueras de New Jersey. El tema escogido para ese curso fue la obra de W. H. Hudson

---

[2] Ricardo Piglia, *El camino de Ida*, Barcelona: Anagrama, 2013, p. 13.

en la Argentina. Luego de pasar una semana en Nueva York, Renzi se traslada en tren desde la New Jersey Transit hasta el pueblo suburbano donde estaba la universidad que lo contrató. El lugar que le asignaron para hospedarse era la casa de un profesor de filosofía que tomaba su año sabático en Alemania. El pueblo está a unos 60 kilómetros de Nueva York y las residencias contaba con amplios jardines, calles llenas de árboles y un ámbito de tranquilidad. "La vida peligrosa parecía estar fuera de ahí, del otro lado de los bosques y los lagos, en Trenton, en New Brunswick, en las casas quemadas y los barrios bajos de New Jersey".[3] Renzi se sentía muy a gusto en esa casa alquilada ya que sus paredes están recubiertas de libros de filosofía y la cocina bien equipada y con frascos de hongos, tomates disecados, latas de aceite y salsas mexicanas. Con satisfacción, dice: "Comida enlatada y libros de filosofía, ¿qué otra cosa se podría desear?".[4]

Pero volvamos a Ida y su personalidad. El narrador la presenta como una estrella del mundo académico. Vive sola. Nunca se ha casado y publica regularmente libros cuya temática es distinta y refleja las modas del momento para envidia de sus colegas. En lo más específico, dice el relato:

> Era frontal, directa, sabía pelear y pensar. ("Esos dos verbos van juntos"). Estaba empeñada en una guerra sin cuartel contra las células derrideanas que controlaban los departamentos de Literatura en

---

[3] *Ibíd.*, p. 15.
[4] *Ibíd.*, p. 16.

el Este y, sobre todo, contra el comité central de la deconstrucción en Yale.[5]

Se percibe una personalidad fuerte en Ida, ya que pelear y pensar son acciones que están unidas "en acto", diría Aristóteles, lo que se pone de manifiesto en el hecho de que encara una guerra directa contra Derrida y su propuesta de la deconstrucción, perspectiva que domina tanto los departamentos de literatura del Este como el comité respectivo en la prestigiosa universidad de Yale. Ida había leído los libros de Renzi y su afición por Hudson, ya que entiende que, acaso de manera velada, esa tradición se oponía al capitalismo desde una visión arcaica y preindustrial. A esa utopía, Hudson habría agregado su interés por los animales.

Hay un momento en la narrativa que tiene un gran efecto para el lector. Es cuando Ida Brown, mientras camina con Renzi por las veredas heladas, le apoya la mano en el brazo y le dice con una sonrisa cómplice: "En otoño estoy siempre caliente".[6] Esa declaración insólita e inesperada confunde a Renzi, quien reflexiona sobre los otros significados posibles de la expresión:

> Tal vez no había dicho lo que me pareció escuchar ("*In the fall I'am always hot*"), quizá me había dicho *En la caída soy siempre un halcón. Hot-hawks,* podría ser. Otoño quería decir semestre de otoño, pero recién empezaba el semestre de primavera. Claro que *hot* en slang podía querer decir *speed* y *fall* en el

---
5 *Ibíd.*, p. 19.
6 *Ibíd.*, p. 21.

dialecto de Harlem era una temporada en la cárcel... Suelo ponerme obsesivo con el lenguaje, resabios de mi formación, tengo un oído envenenado por la fonética de Trubetzkoy y siempre escucho más de lo debido, a veces me detengo en los anacolutos o en los sustantivos adjetivados y pierdo el significado de las frases.[7]

El narrador luego vuelve a profundizar más en la figura y el aporte de Hudson, a quien Renzi había leído varias veces en el transcurso de su vida. Siendo de Adrogué, había visitado la estancia "Los Veinticinco Ombúes" y cubierto en bicicleta el trayecto de 37 kilómetros entre esa ciudad del sur bonaerense y la estancia mencionada. A Hudson se lo recuerda como un hombre enamorado de la pampa, de los árboles e inclusive, como se ha señalado, de los animales. Escribe en inglés pero con sintaxis en castellano "y conservaba los ritmos suaves de la oralidad desértica de las llanuras del Plata".[8] Una novela de Hudson, titulada *A Cristal Age,* profundiza en otro aspecto de su personalidad: el de la ética y el ascetismo. Describe el narrador:

A Cristal Age, la novela de Hudson, recreaba esa áspera ilusión ascética en un mundo situado en un futuro lejano. "La pasión sexual es el pensamiento central de mi novela", decía Hudson en una carta, "la idea de que no habrá descanso ni paz perpetua, hasta que se haya extinguido esa furia. Podemos sos-

---

7 *Ibíd.*, pp. 21-22. Cursivas originales.
8 *Ibíd.*, p. 25.

tener que mejoramos moral y espiritualmente, pero encuentro que no hay cambios, ni ninguna merma en la violencia de la furia sexual que nos aflige. Ardemos hoy con tanta intensidad como lo hacíamos hace diez mil años. Podemos esperar un tiempo en el que ya no existan los pobres, pero nunca veremos el fin de la prostitución".[9]

En esta descripción, aparecen términos propios de la ética: la ilusión ascética, la mejora moral y espiritual pero que no se condice o deriva en una "paz perpetua" —que evoca instintivamente al pensamiento de Kant y su ética del deber—, y la crítica a la furia sexual que no puede superarse. Esa furia parece reflejarse en el caso de Ida Brown y el profesor argentino. Pero antes, el narrador reflexiona sobre las diversas acepciones que podrían aplicarse al enigmático nombre de "Ida":

> Su nombre era una acción, la ida, el viaje sin retorno, señala a quien se va. Y también a la muchacha rara ("está ida" o "es medio ida"). Además se llamaba como mi madre… ¿pueden creer? Esa había sido la primera palabra que yo había aprendido a leer. "Ida, ¿ves?", decía mi madre, y me deletreaba las letras de su nombre grabadas en el portal de la casa de mis abuelos.[10]

---

9 *Ibíd.*, pp. 26-27. Cursivas originales.
10 *Ibíd.*, pp. 59-60.

Ida Brown vive por lo menos dos tipos de vida: la de profesora, una vida intelectual intensa y la otra, la del secreto y el respeto a las reglas de seguridad. Pero hay un tercer tipo de vida, la de mujer alegre y libre de prejuicios. Tiene un departamento muy luminoso en Bleecker Street, donde vive esa vida independiente. Y es ahí donde se dirige en cierta ocasión con el propio Renzi. La voz narradora, no carente de ironía y humor, dice: "Cuando entramos la abracé, pero ella se separó con un gesto suave. No tan rápido, *man,* dijo".[11] Lo cierto es que el escritor pasa muchas noches con Ida, haciendo el amor. En alguna ocasión tomando vino californiano y conversando sobre temas muy diversos. Renzi siente una especie de hipnosis incipiente al pensar en ella o al verla. En lenguaje insuperable, el narrador expresa:

> Había un clima de espera en el aire, como si todos los signos ciegos estuvieran anunciando presagios oscuros. Conocía ese estado –o esa convicción– sin certezas, que se parece más a una esperanza que a una creencia. Es el pensamiento mágico del amor, del enamorado en estado hipnótico, ligado a una mujer a la que se desea y se busca con imprecisa y estúpida obstinación.[12]

El párrafo y, sobre todo el estilo narrativo, denota la influencia de autores como William Faulkner y Juan Carlos Onetti, perceptible en expresiones como "sin certezas", tan

---

11 *Ibíd.,* p. 59. Cursivas originales.
12 *Ibíd.,* p. 64.

recurrente en el uruguayo cuando describe a personajes "sin fe", "sin convicción", "sin énfasis". En lo psicológico, el hombre enamorado parece caer en una especie de estado hipnótico, producto del deseo de la mujer que busca con estúpida obstinación.

En medio de ese tramo de la narración, aparece la referencia al boxeo, deporte que pareciera es favorito de Piglia y al cual menciona en varios de sus libros. Ya en *Formas breves,* el escritor evoca su tiempo de residencia en el barrio de Almagro. Justamente en el cuento "Hotel Almagro", relata: "Cuando me vine a vivir a Buenos Aires alquilé una pieza en el Hotel Almagro, en Rivadavia y Castro Barros".[13] Y luego agrega un detalle importante: "También la pieza del Hotel Almagro tenía un techo altísimo y un ventanal que daba sobre los fondos de la Federación de Box".[14] En el cuento "La mujer robada", vuelve a situar la narrativa en el mismo escenario: "Durante unos meses, hace unos años, viví en el Hotel Almagro, en Rivadavia y Castro Barros. A la vuelta del hotel está la Federación de Box y los miércoles a la noche me iba a ver las peleas".[15] Retomando *El camino de Ida,* Renzi evoca sus vivencias en Buenos Aires al ver en una calle de Atlantic City un gimnasio llamado "Sandy Saddler Boxing Club" en honor, claro está, al gran boxeador de peso pluma Sandy Saddler que, dicho sea de paso, hizo tres peleas en el Luna Park de Buenos Aires en junio de 1951, en las que derrotó por K. O. tanto a Alfredo Prada, Oscar Flores y Ángel

---

13 Ricardo Piglia, *Formas breves,* Buenos Aires: Temas Grupo Editorial SRL, 1999, p. 13.
14 *Ibíd.,* p. 15.
15 *Ibíd.,* p. 43.

Olivieri. Saddler era famoso por su gancho al hígado, que resultaba letal para los rivales. En una tapa de *El Gráfico* de aquellos años apareció la figura de Sandy Saddler junto a otro boxeador que no recuerdo, y de ambos se decía que eran como "cirujanos" que "operaban" a sus rivales con sus golpes certeros. El narrador describe la relación entre el "Sandy Saddler Boxing Club" y su recuerdo de Buenos Aires:

> El ruido de los guantes contra la bolsa, el olor de la resina, los movimientos rítmicos de los boxeadores haciendo sombra me hicieron recordar a los tiempos en que iba dos veces por semana a la Federación de Box de la calle Castro Barros, cuando recién me había mudado a Buenos Aires y vivía en el Hotel Almagro.[16]

¿Qué relación puede establecerse entre estas imágenes del boxeo con Ida? Se nos dice que el instructor del Sandy Saddler Boxing Club es un cubano admirador de Kid Gavilán –que también había sido un gran púgil nacido en Cuba y campeón del mundo de los medianos– y de otro más reciente: Ray Sugar Leonard. Y comenta "científicamente" que en el boxeo todo depende de la vista y la velocidad, de lo que el instructor define como "visión instantánea". Entonces, el narrador pone esta observación en Renzi: "Ojalá yo pudiera adquirir esa visión instantánea para poder ver a Ida entre las sombras".[17] Lo concreto es que entre él e Ida

---

16 Ricardo Piglia, *El camino de Ida*, p. 65.
17 *Ibíd.*, p. 66.

siguieron los encuentros furtivos en el Hotel Hyatt ubicado al costado de la autopista que conduce a Nueva York. Y entonces, reflexiona al pensar en esa época del año en que estaba cercano el *spring break*: "Yo sentía que todo era una espera de esas noches con Ida en un cuarto iluminado e impersonal del alto Hayatt en medio del camino a Nueva York. En esos días, como los locos, yo pensaba que todo lo que se decía estaba referido a mi vida secreta".[18] Una vez más, se contrastan dos compartimentos: la vida profesional del escritor y su vida secreta. La primera, abierta a todos en la universidad. La segunda, oculta a todos, salvo, claro, a Ida Brown.

La secuencia de la narración se rompe en el capítulo 4. La mañana siguiente al relato anterior, hay un llamado del departamento de la universidad. Todo sucede muy rápidamente y el nerviosismo de quienes participan de esta reunión urgente se puede percibir a simple vista. ¿Qué sucedió? Dice el relato:

> Ida había salido del estacionamiento, el *traffic alert* de la tormenta la desvió de su ruta habitual y decidió salir por la Bayard Lane para bordear el pueblo desde el sur. Nadie vio nada, pero fue ahí donde sucedió todo. Encontraron su auto detenido al final de Nassau Street, frente al lento semáforo que ordena el desvío hacia la Route 609. Ella seguía atada al asiento con el cinturón de seguridad, en una pose extraña, medio ladeada, el brazo extendido y la mano quemada, como si le hubiera ardido al buscar

---

18 *Ibíd.*, p. 69.

algo en el piso. El choque –o lo que fuera– la había matado.[19]

Estos son los detalles de la muerte inesperada, accidental, de Ida Brown. Pero, como se pregunta el narrador: "¿se puede decir 'su muerte' cuando alguien muere accidentalmente? ('Todos morimos accidentalmente', habría ironizado ella)".[20]

Posteriormente, dos investigadores interrogan a Renzi. Uno es el agente especial Menéndez, del FBI, y el otro, el inspector O'Connor, del Departamento Central de Policía de Nueva Jersey. El segundo le dice: "Según creo, doctor *Rinzai* –dijo O'Connor anglicizando la pronunciación de mi apellido– usted viene de Buenos Aires... Invitado, según creo, por la doctora Brown".[21] Y luego, el narrador juega con las palabras: "Usted es amigo de ella... –Amigo, colega y admirador –le dije. En inglés suena mejor: *friend, fellow and fan*".[22] En todo momento, dice el relato, los interrogadores se muestran como verdaderos profesionales. Por supuesto, cuentan con todos los correos electrónicos de Renzi y con detalles como el del fin de semana del 20 de febrero, fecha en la cual había hecho una reserva en un hotel que finalmente no ocupó. Y le preguntan si tiene algo que aclarar. Renzi prefiere guardar silencio, ya que siempre había intentado ocultar su intimidad con Ida, y se pregunta para sí mismo si también tendrían información

---

19 *Ibíd.*, p. 75. Cursivas originales.
20 *Ibíd.*, p. 76.
21 *Ibíd.*, p. 78. Cursivas originales.
22 *Ibíd.*, p. 79. Cursivas originales.

de sus encuentros en el Hyatt. Luego, el profesor abre su computadora y lee sus correos. Uno de ellos anunciaba el *memorial* que se realizaría en el templo del campus. Se trata de las primeras referencias a lo religioso en la novela. La invitación decía, textualmente:

> *Dear Friends: I write to share some very sad news. Ida Brown passed away earlier this week. There will be a memorial service this Thursday, 3.22, at 1:30 pm at the Presbyterian Church in Campus. Best, Don D'Amato.*[23]

Pero no es la única referencia a lo religioso y lo eclesial en la narrativa. Porque, inmediatamente después, el narrador relata que Renzi bordea el gueto mexicano por el campus de la universidad, gueto que antes había sido negro, italiano e irlandés. Y describe:

> Todavía hay algunos afroamericanos viviendo aquí, pero son pocos, se han ido y ahora viven inmigrantes guatemaltecos, dominicanos y puertorriqueños, incluso la iglesia del barrio que tiene sus carteles anunciando los servicios escritos en español y los himnos y los rezos se entonan con acento mexicano.[24]

Por lo que dice luego, se trata de una iglesia católica, toda vez que señala que invocan a María, madre mía y llena de gracia.

---

23 *Ibíd*, p. 81. Cursivas originales.
24 *Ibíd*., p. 83.

Thomas Munk: la imposibilidad del planteo ético

La narrativa cambia drásticamente con la irrupción de un nuevo personaje: Thomas Munk, señalado como autor del asesinato de Ida Brown. De ascendencia polaca, fue formado en matemática en la Universidad de Harvard. Su director de tesis lo había definido como "apasionado, profundo, intenso y dominante".[25] Es detenido en una cabaña y el grupo policial está comandado por el policía Menéndez. El narrador ofrece más datos sobre Munk, al relacionarlo con obras de Joseph Conrad, uno de los autores favoritos de Ida Brown. Concretamente, dice:

> Cambiar el pasado, convertirse en otro, dejar de ser un catedrático y transformarse en un hombre de acción. Como Kurtz en *El corazón de las tinieblas,* el intelectual, lector de Nietzsche, que construye a pura voluntad despótica un imperio de la nada en el tenebroso paisaje del Congo: el imperio del mal.[26]

El profesor Renzi pasa varios días dando vueltas con los libros de Conrad, para ver si eso podría ofrecerle alguna pista. Parker le confirma que, efectivamente, en 1984, Munk le había dicho a su familia que había leído la novela de Conrad una docena de oportunidades. El FBI también constata que, durante mucho tiempo, Munk se había registrado en hoteles firmando como "Conrad" o "Konrad" y alguna vez incluso como "Kurtz". Y vemos datos que

---
25 *Ibíd.*, p. 188.
26 *Ibíd.*, p. 233. Cursivas originales.

ofrece la literatura forense:

> El doctor David Horn, profesor de literatura en Harvard especialista en literatura forense, al examinar los documentos para el juicio en preparación, había declarado *"his evident use of fiction to help him make sense of his life"*. Según Horn, aparentemente se imaginaba a sí mismo como el personaje –*character*– en una gran historia. *The printed word was his universe.*[27]

El párrafo pone de manifiesto la influencia que la literatura puede ejercer en un lector. En este caso, la investigación en literatura forense, aplicada al caso de Munk, demostraría que, para el personaje, la ficción le ayudaba a darle sentido a su vida al punto de imaginarse a sí mismo como un actor interviniente en una gran historia. La palabra impresa constituía el universo en que se movía Munk. Esto puede conectarse con la aguda percepción de Paul Ricoeur. Al referirse a las implicaciones éticas de los relatos, el filósofo francés dice que el arte de narrar consiste en intercambiar experiencias que no son producto de investigaciones científicas sino más bien del ejercicio de la sabiduría práctica. Y define:

> Las experiencias de pensamiento que realizamos en el gran laboratorio de lo imaginario son también exploraciones hechas en el reino del bien y del mal... El relato puede finalmente ejercer la función

---
27 *Ibíd.*, p. 234. Cursivas originales.

de descubrimiento y también de transformación respecto al sentir y al obrar del lector, en la fase de refiguración de la acción mediante el relato.[28]

El hecho es que la propia Ida había descubierto que Munk era lector de Conrad. El hecho suscita en Renzi muchas preguntas vinculadas a la relación que habrían tenido ambos personajes, dónde se habían conocido y por qué los investigadores no habían elaborado la hipótesis sobre la muerte de Ida y sus causas conexas a Munk. Para resolver esos enigmas, Renzi decide viajar a California para entrevistar al acusado. Lo más sustancioso de esta parte final de la novela y la resolución del caso —más allá del epílogo final— se ofrece en el capítulo 12. Allí, el protagonista pasa por una sala de identificaciones sumamente rigurosa. A Munk, a quien llamaban "el profesor", lo habían recluido en una zona de aislamiento. Habla con naturalidad y bastante soltura y apela a imágenes bíblicas, como cuando declara:

> Como dice la Biblia: "El alfarero puede hacer una vasija para honra y otra para deshonra. Vasijas de ira, vasijas de compasión" (Epístola a los romanos 9.21). Es decir –dijo– una vida para la honra; una vida para la deshonra. Una vida de ira. Una vida de compasión. Cada forma de vida tiene sus valores, su lenguaje y su ley, y están en constante cambio y redefinición.[29]

---

[28] Paul Ricoeur, *Sí mismo como otro*, trad. Agustín Neira Calvo, Madrid: Siglo Veintiuno, 1996, p. 167.
[29] Ricardo Piglia, *El camino de Ida*, p. 275.

Y luego, su reflexión vuelve al tema de las vidas paralelas, simultáneas y contradictorias. Munk enuncia en los siguientes términos:

> Nuestras más íntimas memorias, nuestros más íntimos sentimientos, nuestras formas de vivir son múltiples. Cada decisión que tomamos cierra una serie de alternativas posibles. ¿Qué pasa si intentamos tomar a la vez varias decisiones contradictorias y las mantenemos separadas como series abiertas? Una vida política, una vida académica, una vida sentimental, familiar, sexual, religiosa que tengan entre sí relaciones muy difusas (por no decir clandestinas).[30]

Una vez más, se trata de un planteo ético. Munk sostiene que las formas de vida de una persona son múltiples. A lo largo del relato se ponen de manifiesto personas con diversidad de vidas simultáneas. En el caso de Ida, se dice que "vivía una vida secreta y respetaba las reglas de seguridad; en la otra vida era una profesora aburriéndose en una fiesta del Departamento".[31] O el caso del policía Menéndez que es "chicano y vivía en dos mundos, mexicano como su padre y norteamericano como su madre, y conocía el modo de cruzar de una realidad a otra".[32]

Por otro lado, la narración plantea que, cuando se toma una decisión, ese acto electivo cierra las otras alternativas potenciales que existían antes de elegir. Y hay decisiones

---

30 *Ibíd.*
31 *Ibíd.*, p. 63.
32 *Ibíd.*, p. 127.

contradictoras, series abiertas que tienen que ver con vidas realizadas en espacios diferentes como la política, la religión, el sentimiento, la sexualidad y cuyas relaciones son siempre difusas, es decir, no son claras y transparentes, como le gustaría a Descartes. A nadie se le ha ocurrido, reflexiona Munk, imaginar vidas personales simultáneas y distintas y luego, llevarlas a la práctica, es decir, del pensamiento a la acción. Ese contraste también se da, sostiene más adelante, entre vidas posibles y vidas ficcionales. "La clave es que los universos ficcionales –a diferencia de los mundos posibles– son incompletos".[33] Y a modo de ejemplificar sus conceptos, menciona a grandes científicos que fueron también grandes canallas. Expone los casos de James Korda, un teólogo que tenía un amante, pero no pudo expresar dolor ante su ausencia para no delatarlo; León Singer, que era socialista y su ideología le produjo problemas en su carrera académica y a Aaron Lowen, que nunca soportó el exilio. Entonces, teoriza: "Olvidaban –o no querían ver– las consecuencias de sus actos. El mal es eso: no hacerse cargo de las consecuencias, no los resultados. Las consecuencias, dijo. El problema perpetuo es cómo ligar el pensamiento a la acción".[34] Y aquí está, precisamente, la clave del planteo ético: consiste en no poder vincular el pensamiento (ético) a la acción concreta (acto moral), o en el binomio acuñado por Paul Ricoeur: *Del texto a la acción*. No siempre es posible ligar la teoría con la práctica, tal como se refleja en los casos presentados por Munk.

---

33 *Ibíd.*, p. 278.
34 *Ibíd.*, p. 280.

Conclusión

Toda la narrativa de *El camino de Ida* está atravesada por problemas éticos: racismo, guerra, furia sexual, asesinato, etc. Pero el planteo final se formula en una pregunta inquietante: ¿Se puede escribir la ética? En un párrafo magistral, la voz narradora pone en labios de Munk la siguiente reflexión elaborada en el escenario de su ejecución: *"Busquen la conferencia sobre ética de Ludwig Wittegenstein: 'Si un hombre pudiera escribir un libro de ética que fuera realmente un libro de ética, ese libro destruiría todos los demás libros del mundo mediante una explosión'. La ética es ese estallido"*.[35]

El problema perpetuo: ¿cómo vincular el pensamiento con la acción? Tal alternativa es imposible en vidas paralelas, simultáneas y contradictorias. La vida solo tiene un camino de ida. No hay regreso. No es posible reproducir de nuevo nuestra vida, porque ella es como un acto teatral sin ensayo previo. Como dice Milan Kundera: "No existe posibilidad alguna de comprobar cuál de las decisiones es mejor, porque no existe comparación alguna. Como si un actor representase su obra sin ningún tipo de ensayo. Pero ¿qué valor puede tener la vida si el primer ensayo para vivir es ya la vida misma?".[36] En vidas diferentes, simultáneas

---

35 *Ibíd.*, p. 288. Cursivas originales.
36 Milan Kundera, *La insoportable levedad del ser*, trad. Fernando de Valenzuela, Barcelona: RBA Editores, 1993, p. 12. El planteo de Kundera se puede relacionar con la fenomenología hermenéutica del acontecimiento (o "acontecial") desarrollada por Claude Romano cuando define: "El acontecimiento no tiene causa porque él es su propio origen, y justamente en ello es donde reside su verdadero *sentido* para la aventura humana". Claude Romano, *El acontecimiento y el mundo*, trad. María Cristiana Greve, Buenos Aires: Editorial Biblos, 2016, p. 75. Cursivas originales. Y agrega: "El acontecimiento es justamente lo que, rompiendo el horizonte de posibles previos e introduciendo allí un sentido incomprensible en el marco de cualquier explicación

y contradictorias, no es posible plantear el problema ético.[37] Es una aporía que, como tal, se convierte en un *No Way Out*. En términos de Claude Romano: "La decisión, una vez tomada, suscita el desmoronamiento de un mundo en adelante sepultado por completo bajo los escombros de un pasado muerto".[38] Este es el tema que magistralmente expone Ricardo Piglia en su novela *El camino de Ida*. Parafraseando la polisemia del término, de eso se trata: de un viaje solo de ida que, como tal, no admite regreso.

---

causal, aporta consigo su propio horizonte de inteligibilidad, que obliga al adviniente a comprender de otro modo a su mundo y a sí mismo". *Ibíd.*, p. 77. Todo el esfuerzo de Romano radica en evitar la concepción de la aventura humana como una mera sucesión de acontecimientos, hechos o biografía.

[37] El propio Piglia reflexiona también sobre el planteo ético de Kant y el eterno retorno. Dice: "El eterno retorno en Nietzsche es un intento de fundar una ética inmanente. Vivirías con cuidado cada día de tu vida si supieras que se va a repetir eternamente. Invierte el imperativo categórico kantiano, y dice: haz de cada día un día perfecto porque repetirás cada día infinitamente. Se trata de un postulado moral, no importa si Nietzsche cree o no en el eterno retorno, lo que importa es que el riesgo de la repetición nos obligaría a tener cuidado al vivir cada momento". Ricardo Piglia, *Los diarios de Emilio Renzi. Años de formación*, Buenos Aires: Anagrama, 2015, p. 130.

[38] Claude Romano, *El acontecimiento y el mundo*, p. 103.

BIBLIOGRAFÍA

BACKHAM, Richard. *The Theology of the Book of Revelation*, Cambridge, United Kingdom: Cambridge University Press, 1993.

BERNSTEIN, Richard J. *El mal radical. Una indagación filosófica*, trad. Marcelo G. Burello, Buenos Aires: Editorial Lilmod, 2004.

BORELLO, Rodolfo A. "Charlie Parker: 'El perseguidor'", *Cuadernos Hispanoamericanos*, Madrid, octubre-diciembre de 1980.

BORGES, Jorge Luis, *Historia de la eternidad*, Madrid: Alianza Editorial, 1997.

———. "Tres versiones de Judas" en *Ficciones*, Madrid: Alianza Editorial, 1998.

———. *Martín Fierro*, año III, Nro. 36, Buenos Aires, 12 de diciembre de 1926.

———. *Otras inquisiciones*, Buenos Aires: Emecé-La Nación, 2005.

BRATOSEVICH, Nicolás. "Estudio preliminar" en Julio Cortázar, *Antología*, 3ra. Edición, Buenos Aires: Librería del Colegio/Editorial Sudamericana, 1983.

CAIRD, G. B. *The Revelation of St John the Divine*, London: A. & CV. Black, 1966.

CANCLINI, Arnoldo. *400 años de protestantismo evangélico,* Buenos Aires: Fadeac-Fiet, 2004.

CARPENTIER, Alejo. *Concierto barroco-El reino de este mundo,* Santiago de Chile: Editorial Andrés Bello, 1997.

CELORIO, Gonzalo. "*Cambio de piel* de Carlos Fuentes. Un mural pintado por un miniaturista", revista *Nexos,* p. 4: https://www.nexos.com.mx/?p=34821 Acceso: 16 de setiembre de 2019.

COHN, Norman. "Cómo adquirió el tiempo una consumación" en Malcolm Bull (compilador), *La teoría del apocalipsis y los fines del mundo,* trad. María Antonia Neira Bigorra, México: FCE, 1998.

―――. *En pos del milenio,* Madrid: Alianza, 1981.

COLCHEREO GARRIDO, María Teresa. "El milenarismo en *Terra Nostra* de Carlos Fuentes, https://filosofia.buap.mx/sites/default/files/Libros%20electr%c3%b3nicos/Literatura/Elmilenarismo.PDF. Acceso: 20 de noviembre de 2020.

COMBLIN, Joseph. *La resurrección de Jesucristo,* trad. L. R. Capriotti, Buenos Aires, Carlos Lohlé, 1962.

CORTÁZAR, Julio. "El perseguidor", *Cuentos completos/1,* Buenos Aires: Alfaguara, 1996.

CROSSAN, John Dominic. *De Borges a Jesús. Incursión sobre lo articulado,* trad. María Teresa La Valle, Buenos Aires: La Aurora, 1991.

CULLMANN, Oscar. "¿Inmortalidad del alma o resurrección de los muertos", *Del evangelio a la formación de la teología cristiana,* trad. Rafael

Silva-Costoyas, Salamanca: Sígueme, 1972.

DELCOR, Mathias. *Mito y tradición en la literatura apocalíptica,* Madrid: Cristiandad, 1977.

DEL CORRO, Gaspar Pío. "Leopoldo Marechal o la lucidez combatiente", *Megafón,* Revista interdisciplinaria de estudios latinoamericanos, Año II, Nro. 3, Buenos Aires: Centro de Estudios Latinoamericanos, julio de 1976.

FOULKES, Ricardo. *El Apocalipsis de San Juan. Una lectura desde América Latina,* B.

FUENTES, Carlos. *Cambio de piel,* Buenos Aires: Punto de lectura, 2003.

———. *El espejo enterrado,* México: Fondo de Cultura Económica, 1992.

———. *La región más transparente,* México: Alfaguara, 1998.

———. *Mis años con Laura Díaz,* 6ta. Edición, México: Punto de Lectura, 2004, p. 431.

———. *Terra nostra,* 2da. Edición, México: Editorial Joaquín Mortíz, S. A., 1976.

———. *La muerte de Artemio Cruz,* México: Punto de Lectura, 2008.

GAITÁN-BRICEÑO, Tarciso H. "Apocalipsis: fe y resistencia", *Cuestiones teológicas* vol. 41, Medellín, enero-junio 2014.

GAMERRO, Carlos. *Ficciones barrocas,* Buenos Aires: Eterna cadencia, 2010

GOLOBOFF, Mario. "Una lectura de puentes y pasajes:

Julio Cortázar" en Sylvia Saítta, directora del volumen, *Historia crítica de la literatura argentina*, dirigida por Noé Jitrik, Buenos Aires: Emecé Editores, 2004.

HANSON, Paul D. *The Dawn of Apocaliptic. The Historical and Sociological Roots*, Revised Edition, Philadelphia: Fortress Press, 1979.

HARSS, Luis. "Julio Cortázar o la cachetada metafísica", *Los nuestros*, Buenos Aires: Sudamericana, 1966.

HEIDEGGER, Martín. *Ser y Tiempo*, 5ta. Edición, trad. Jorge Eduardo Rivera C., Santiago de Chile: Editorial Universitaria, 2015.

HENRY, Michel. *Encarnación: una filosofía de la carne*, trad. Javier Teira, Gorka Fernández y Roberto Ranz, Salamanca: Sígueme, 2001.

——. *Fenomenología de la vida*, trad. Mario Lipsitz, Buenos Aires: Ediciones Universidad Nacional de General Sarmiento, 2016.

KANT, Immanuel. *La religión dentro de los límites de la mera razón*, trad. Felipe Martínez Marzoa, Madrid: Alianza Editorial 2007.

KUNDERA, Milan. *La insoportable levedad del ser*, trad. Fernando de Valenzuela, Barcelona: RBA Editores, 1993.

LEÓN, Jorge A. *Teología de la unidad*, Buenos Aries: La Aurora, 1971.

LEVINAS, Emmanuel. *Dios, la muerte y el tiempo*, trad. María Luisa Rodríguez Tapia, Barcelona: Altaya, 1999.

———. *De otro modo que ser, o más allá de la esencia*, 2da. Edición, trad. Antonio Pintor Ramos, Salamanca: Sígueme, 1987.

LIBRO DE ENOC, 6ta. Edición, Málaga: Editorial Sirio, S.A., 2019.

MARECHAL, Elbia. *Mi vida con Leopoldo Marechal* (Paidós, noviembre 1973.

MARECHAL, Leopoldo. *Adán Buenosayres,* Buenos Aires: Planeta, 1994.

———. *Cuaderno de navegación. Edición aumentada,* 3ra. Edición, Buenos Aires: Seix Barral, 2008.

———. *El banquete de Severo Arcángelo,* Buenos Aires: Planeta, 1994.

———. *Megafón o la guerra,* Buenos Aires: Seix Barral, 2007.

MARION, Jean-Luc. *El fenómeno erótico,* trad. Silvio Mattoni, Buenos Aires: Ediciones Literales-El cuenco de plata, 205.

MARRAMAO, Giacomo. *Kairós. Apología del tiempo oportuno*, trad. Helena Aguilá, Barcelona: Gedisa editorial, 2008.

MARTÍNEZ, Alejandro. "El perseguidor, de Julio Cortázar", https://www.reflexionesobrasliterarias.com/el-perseguidor-de-julio-cortazar. Acceso: 8 de diciembre de 2020.

MARTÍNEZ, Guillermo. *Borges y la matemática,* Buenos Aires: Emecé/Seix Barral, 2006.

MARTÍNEZ, Tomás Eloy. *"Saint-John Perse desaparece"*

en *Lugar común la muerte,* Buenos Aires: Planeta, 1998.

MASSUH, Víctor. *La libertad y la violencia,* Buenos Aires: Editorial Sudamericana, 1984.

MATEOS, Zulma. *La filosofía en la obra de Jorge Luis Borges,* Buenos Aires: Biblos, 1998.

MATURO, Graciela. *Marechal, el camino de la belleza,* 2da. Edición, Buenos Aires: Biblos, 1999.

MÍGUEZ, Néstor. *Juan de Patmos. El visionario y su visión,* Buenos Aires: La Aurora, 2019.

MOLTMANN, Jürgen. *El futuro de la creación,* trad. Jesús Rey Marcos, Salamanca: Sígueme, 1979.

——. *Trinidad y Reino de Dios,* trad. Manuel Olasagasti, Salamanca: Sígueme, 1983.

MORRIS, Leon. *El Apocalipsis. Introducción y comentario. Comentarios Didaqué,* trad. Ernesto Suárez Vilela, Buenos Aires: Ediciones Certeza, 1977.

ORGAMBIDE, Pedro. "Sobre Adán Buenosayres", *Diccionario de la literatura argentina,* www.literatura.org/Marechal/sobre_adam.htm. Acceso: 28 de setiembre de 2011.

PADILLA, C. René. "El *Banquete de Severo Arcángelo.* Su dimensión teológica". Buenos Aires: *Revista Certeza,* Nro. 50.

PARKINSON ZAMORA, Lois. *Narrar el Apocalipsis,* trad. María Antonia Neira Bigorra, México: FCE, 1994.

PIGLIA, Ricardo. *Crítica y ficción,* Buenos Aires: Random

House Mondadori S. A., 2014.

————. *El camino de Ida,* Barcelona: Anagrama, 2013.

————. *Formas breves,* Buenos Aires: Temas Grupo Editorial SRL, 1999.

————. *Los diarios de Emilio Renzi. Años de formación,* Barcelona: Anagrama, 2015.

PLOTINO. *Enéadas,* trad. María Isabel Santa Cruz y María Inés Crespo, Buenos Aires: Colihue Clásica, 2007.

PRIETO, Adolfo. "Los dos mundos de *Adán Buenosayres*", *Boletín de literaturas hispánicas,* Nro. 1, Universidad del Litoral, 1959.

QUEMAIN, Miguel Ángel. "La edad del tiempo según Carlos Fuentes en Jorge F. Hernández (compilador), *Carlos Fuentes: territorios del tiempo. Antología de entrevistas,* México: FCE, 1999.

RICHARD, Pablo. *Apocalipsis, reconstrucción de la esperanza,* Colección Biblia, No. 65, www.nuestrabiblia.org. Servicio Bíblico Verbo.

RICOUER, Paul. *El conflicto de las interpretaciones,* trad. Alejandra Falcón, Buenos Aires: FCE, 2003.

————. *Sí mismo como otro,* trad. Agustín Neira Calvo, Madrid: Siglo Veintiuno, 1996.

RÍOS, Roberto E. *La novela y el hombre hispanoamericano,* Buenos Aires: La Aurora, 1969.

ROCCO CUZZI, Renata. "Las epopeyas de Leopoldo Marechal" en Noé Jitrik, *Historia crítica de la literatura argentina,* vol. 9, *El oficio se afirma,* Buenos Aires: Emecé editores, 2004.

ROGGERO, Jorge L. *Hermenéutica del amor. La fenomenología de la donación de Jean-Luc Marion en diálogo con la fenomenología del joven Heidegger,* Buenos Aires: sb editorial, 2019.

ROLDÁN, Alberto F. "El concepto kantiano del reino de Dios en *La religión dentro de los límites de la mera razón",* Lima: Ediciones Puma, 2015.

————. "El cuerpo en el culto: de la negación a la reivindicación" en Juan José Barrera Toscano, editor, *Unidos en adoración. La celebración litúrgica como lugar teológico,* Buenos Aires: Kairós, 2004.

————. *Borges y la teología,* Buenos Aires: Ediciones Teología y Cultura Ediciones, 2018.

————. *Escatología. ¿Ciencia ficción o reino de Dios?,* 2da. Edición, Buenos Aires: Ediciones Kairós, 2018.

————. *Escatologías en debate. Hermenéuticas del Reino y el fin de la historia,* Salem, Oregon, Publicaciones Kerigma, 2020.

————. *Hermenéutica y signos de los tiempos,* Buenos Aires: Teología y Cultura Ediciones, 2016.

————. "Influencia de William Faulkner en Juan Carlos Onetti, con referencia a la fe, Dios y la carne. Una perspectiva hermenéutica", *Franciscanum. Revista de las ciencias del espíritu,* Vol. LVIII, Nro. 166, Bogotá: Universidad San Buenaventura, julio-diciembre 2016, pp. 237-270.

————. "La encarnación del Logos según la perspectiva

fenomenológica de Michel Henry: de la gnosis a la archignosis", *Enfoques,* vol. XXXI, Nro. 1, Liberador San Martín, Universidad Adventista del Plata, 2019, pp. 47-68.

—————. "Pensar a Dios desde las mediaciones del rostro y la carne en la fenomenología de Jean-Luc Marion", Revista *Enfoques* Libertador San Martín: Universidad Adventista del Plata, 2021 (en edición).

—————. *Te busca y te nombra. Dios en la narrativa argentina,* Mar del Plata: Editorial Pronombre, 2011.

ROLDÁN, David A. "La 'carne' de Merleau-Ponty como superación del dualismo sujeto-objeto", *Teología y Cultura,* Año 17, Nro. 22, octubre de 2020, pp. 107-120. https://teologiaycultura.ucel.edu.ar/la-carne-en-merleau-ponty-como-superacion-del-dualismo. Acceso: 23 de diciembre de 2020.

ROMANO, Claude. *El acontecimiento y el mundo,* trad. María Cristiana Greve, Buenos Aires: Editorial Biblos, 2016.

—————. *Lo posible y el acontecimiento,* trad. Aníbal Fornari, Patricio Mena, Enoc Muñoz, Santiago de Chile: Ediciones Universidad Alberto Hurtado, 2008.

ROSA, Luis Othoniel. "Traiciones en el camino de *Ida*", Cuadernos *Lirico, Hors*-série, 2019. https://journals.openedition.org/lirico/7670. Acceso: 22 de noviembre de 2019.

SAN AGUSTÍN. *Confesiones,* trad. Pedro Rodríguez de Santidrián, Barcelona: Altaya, 1993.

SHUA, Ana María. "Julio Cortázar y las Sagradas Escrituras".

SCHÜSSLER-FIORENZA, Elizabeth. *Apocalipsis. Visión de un mundo justo,* trad. Víctor Marla Asensio, Estella (Navarra), 2003.

STAM, Juan. *Apocalipsis. Comentario Bíblico Iberoamericano,* Tomo 1, 2da. Edición, Buenos Aires: Ediciones Kairós, 2006.

STEVENSON, Gregory. *A Slaughtered Lamb. Revelation and the Apocalyptic Response to Evil and Suffering,* Abilene: Abilene Christian University Press, 2013.

―――. "The Theology of Creation in the Book of Revelation", *Leaven:* Vol. 21: Iss.3, Article 6.

SWETE, *The Apocalypse of St John,* London: Mcmillan, Second ed., 1907.

TITTLER, Jonathan. "Interview with Carlos Fuentes", *Diacritics,* 10, III, 1980.

TOUTIN, Alberto. "El 'Dios' huidizo de los escritores", *Teología y vida,* vol. XLIX, 2008.

VANDERKAM, James C. "Literatura apocalíptica" en John Barton (ed.), *La interpretación bíblica, hoy,* Santander: Sal Terrae, 2001.

VANNI, Ugo. *Por los senderos del Apocalipsis,* Buenos Aires, San Pablo, 2010.

VARGAS LLOSA, Mario. Prólogo a Julio Cortázar,

Cuentos completos/1, Buenos Aires: Alfaguara, 1996.

VATTIMO, Gianni. "La huella de la huella" en Jacques Derrida y Gianni Vattimo (eds.), *La religión,* trad. Cristina de Peretti et. al., Madrid: PPC, 1996.

——————. *Después de la cristiandad. Por un cristianismo no religioso,* trad. Carmen Revilla, Buenos Aires, Paidós, 2004.

VELAZCO, Carlos. "La Ciudadela mística. El hermano Pedro en la vida y en la obra de Leopoldo Marechal: http://carlosvelazco.com.ar/es/cuentos-y-ensayos/56-la-ciudadela-mistica. Acceso: 27 de setiembre de 2011.

VINOLO, Stéphane. *Jean Luc Marion, Jean Luc Marion. La Fenomenología de la donación como relevo de la metafísica,* Quito: Centro de Publicaciones PUCE, 2019.

WIKENHAUSER, Alfred. *El Apocalipsis de San Juan. Comentario Ratisbona al Nuevo Testamento,* trad. Florencio Galindo, Barcelona: Herder, 1969.

ZIZIOULAS, Ioannis D. *El ser eclesial,* trad. Francisco Javier Molina de la Torre, Salamanca: Sígueme, 2003.

BIBLIAS

Biblia de Jerusalén, Bilbao: Descleé de Brouwer, 1967.

Biblia del Peregrino. Luis Alonso Schökel, traductor, Bilbao: EGA-MENSAJERO, 1995.

Biblia Latinoamérica, edición revisada, Madrid-Estella: San Pablo-Verbo Divino, 1989.

Biblia textual, Nashville, Tennessee: Holman Bible Publishers, 2010.

El libro del pueblo de Dios. La Biblia, 2da. Edición corregida, Buenos Aires: Fundación Palabra de Vida y Ediciones Paulinas, 1984.

La Santa Biblia. Reina Valera 1960. Sociedades Bíblicas en América Latina.

Nueva Biblia Española, Madrid: Cristiandad, 1976.

Nueva Versión Internacional, Sociedad Bíblica Internacional, 1999.

The Greek New Testament, editado por Kurt Aland, Matthew Blanck, Carlo Martini, Bruce Metzer y Allen Wikgren, West Germany: United Bible Societies, 1975.

www.ingramcontent.com/pod-product-compliance
Lightning Source LLC
Chambersburg PA
CBHW030001110526
44587CB00011BA/937